結果を出してサクッと帰る

神速時短

THE SMART TASK

国際エグゼクティブコーチ
ヴィランティ牧野祝子

すばる舎

はじめに

「今日もバタバタしているうちに一日が終わってしまった……」

こんな思いで、ため息をつきながら会社を後にしていませんか？

はじめまして。

国際エグゼクティブコーチのヴィランティ牧野祝子と申します。

私は、これまで20年あまり10カ国にわたり、グローバル企業と呼ばれる世界的大企業の本社から中国のファミリービジネスまで、様々な規模の会社でキャリアを積んできました。

その経験から、現在は個人・法人のクライアントを相手にコーチングを行っているのですが、そのなかで「時間がない！」というお悩みが、毎日のように話題になります。

「毎日、仕事やプライベートのタスクに追われている感覚がある」

「気づくと、やらなくてはいけないことを後回しにして簡単な作業に時間を使ってしまう」
「いつまで経ってもプレイングマネージャーで、部下の仕事を片付けてばかりいる」

一方、私は分刻みのスケジュールを組んで、すべてを細かく管理するといった、きっちりしたタイプの人間ではありません。それでも自信を持ってこう言えます。

「仕事では最小の時間で、最大の結果をあげている」
「時間に〝使われる〟のではなく〝使っている〟感覚で24時間を過ごせている」
「やりたいことには、すべてチャレンジして充実した生活を送れている」

偉そうなことを言いましたが、私も一昔前は、時間に関する悩みだらけでした。
20代、30代のときは、タスクの優先順位がつけられなかったり、間違った方向に労力をかけてしまったりして、締め切りに間に合わないこともしばしば。作業を何度もやり直して、時間をムダにすることもありました。

障がい児をふくむ3人の子どもを抱えるプライベートでは、仕事との両立でたいへんな思いをしているのに、それが家族には伝わらず、「自分の時間を犠牲にして頑張っているのに、どうして周りは喜んでくれないんだろう……」と悲しくなったこともありました。

そんな私の**時間の使い方に革命をもたらしてくれた**のは、グローバル企業のリーダーたちの仕事ぶりでした。

彼ら・彼女らはプライベートを犠牲にしてまで、仕事に打ち込んでいる様子はありません。しょっちゅう長期の休みをとったり、午後には男性でも子どものお迎えに行ったりして、自分の時間、家族の時間を存分に楽しんでいました。

にもかかわらず、**仕事では圧倒的な成果を出していました**。実際、そうした上司、部下、同僚たちやMBAスクールの友人たちはどんどんステップアップし、プロフェッショナルとして活躍しています。

その反面、日本のビジネスパーソンの友人たちは役職にかかわらず、多くが有給も消化できないほど休みが少なく、かつての私のようにプライベートに時間を費やす余裕がないようでした。

また最近では変わってきましたが、子育てや家事などに参加しない男性も多いようです。そのしわ寄せは当然、パートナーに向かうことになります。

総じて、**人生を楽しめている人が少ない**ように見えました。

実際、2023年のデータを見ても、日本は先進7カ国の中で「世界幸福度ランキング」最下位であり、自殺死亡率は1位、有給消化率も約60%と最低水準となっています。にもかかわらず実質経済の伸びは最下位。

時間あたりの労働生産性を見ても、OECD加盟国38カ国の中で30位に沈んでいます。

プライベートを楽しみながら短時間で成果を出す、幸せな海外。

仕事漬けにもかかわらず成果が伴わない、不幸せな日本……。

この違いは、いったいどこから来るのでしょうか？

私は世界中の大小様々な企業で働きながら、外国人の夫と家庭を築くなかで、ようやくその疑問を解き明かすことができました。

答えは、**仕事における時間の使い方**でした。

詳しくは本書で解説していきますが、一言でまとめると、

「ひとりで仕事を抱え込み悩む時間を極限までなくし、周りを巻き込んで行動していく」

これが、彼ら・彼女らにあって、私たちにない働き方だったのです。

そして、さらに分析を進めると、この働き方は**「開示→選択→決断→行動」**という4つのプロセスに分けられ、それを**「サイクル」のように回している**ことがわかりました。

私は密かに、これを「**世界標準の『神速時短サイクル』**」と名付けて、自分の働き方にも取り入れてみることにしました。

世界標準の「神速時短サイクル」

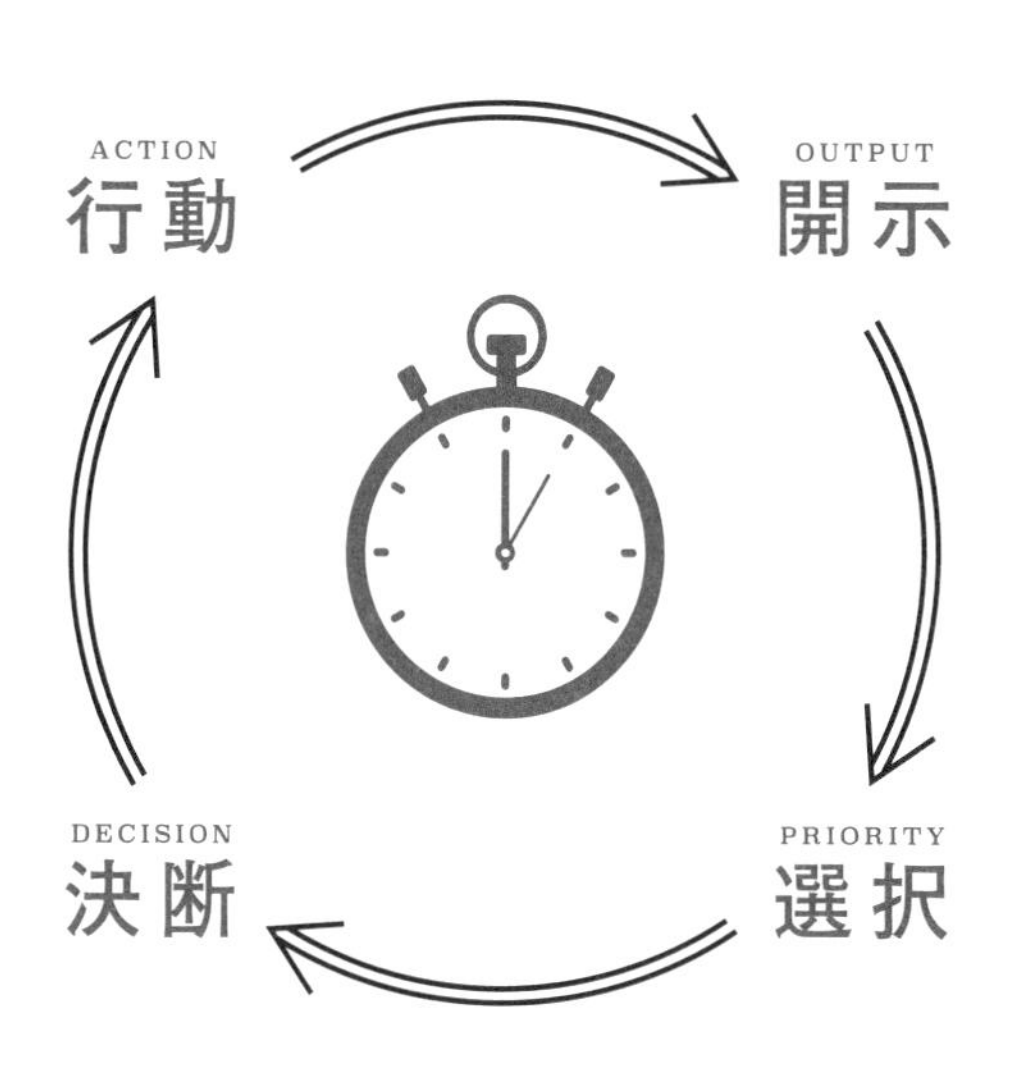

働き方を変えた効果は**驚くべきもの**でした。

仕事においては、中国の経済成長期に上海のグローバル企業の管理職として、様々なバックグラウンドを持つメンバーを率い、「**よく時間どおりに終わらせたね。絶対に無理だと思ったよ**」と上司に驚かれるまでになりました。

また数年前にイタリアのミラノをベースに起業してからは、**ゼロから自分のビジネスモデルを構築**して法人化し、コーチング事業で数多くの個人・法人の顧客を抱えています。

プライベートでは3人の子どもたちをそれぞれの個性に合った学校に送り出しつつ、**3カ月もの夏休み**をはじめ、多くの休みに付き合ってイタリア国内外でワーケーションを満喫しています。

家族との何よりの楽しみは、みんなで囲む食卓。

味にうるさいイタリア人の夫がいるので、毎日の料理にも手を抜きません（笑）。

本書は、そんな私がグローバルリーダーたちから学んだ、先述の「**世界標準の『神速時短サイクル』**」を体系化してひとつひとつ、お伝えするものです。

といっても、構える必要はありません。

この本でご紹介する時短術は、どんな方でも実践しやすいものになっています。

なぜなら、「早起きして朝活する」だとか「自分を律して毎日のルーチンを作る」などの「きっちりしたこと」が何よりも苦手な私が開発し、実践してきたものだからです（笑）。

「時短術」と言いましたが、本書は「ショートカットキーを極める！」だとか「挨拶文を辞書登録して自動化！」といったテクニックを伝授するものではありません。これらを否定するわけではありませんが、より**働き方の根本、真髄の部分**にアプローチするものだと思ってください。

読者の皆さんが新たな時間の使い方・働き方を取り入れて、自分らしい充実した人生を送るために、本書がヒントとなれば嬉しい限りです。

結果を出してサクッと帰る 神速時短 目次

CONTENTS

第2章 STEP1 OUTPUT 「開示」アウトプットで課題を洗い出す

第3章

STEP 2 PRIORITY

[選択] タスクの優先順位を決める

第4章 STEP 3 DECISION

［決断］今ある情報で即決する

第5章

STEP 4
ACTION

［行動］人を巻き込み最短で結果を出す

第6章

PLUS 1 REST

「休息」休むことが質を高める

第1章

世界標準の「神速時短サイクル」

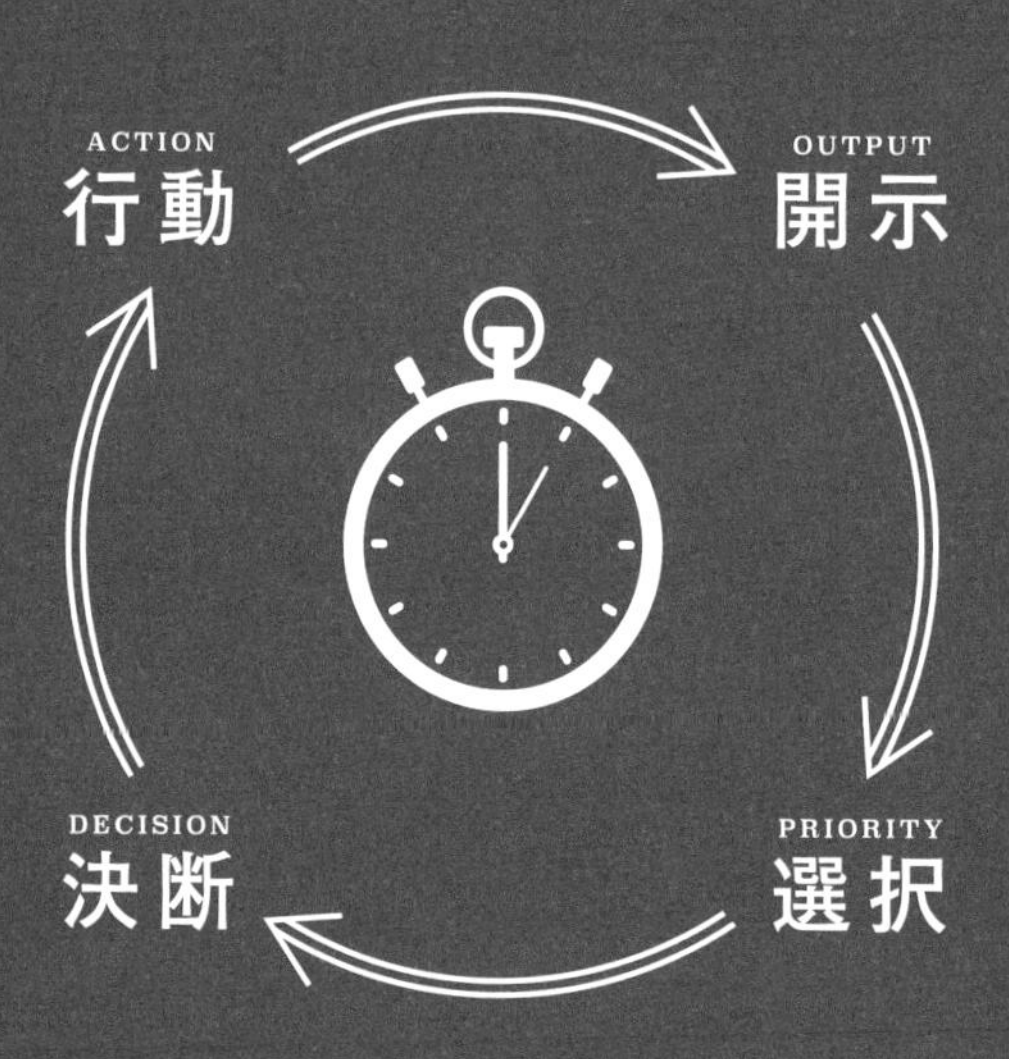

STEP 1

［開示］伝えることで明確になるもの

なぜか日本にはない「伝える習慣」

サイクルのプロセスを詳しく解説する前に、全体の概要をおさえておきましょう。

仕事に限らず生活全般で、考えや思いを「開示」していますか？　最近流行りの言葉に言い換えれば「アウトプット」ですね。考えや学びを話したり書いたりして、自分の外に発信することを指します。

国内外の企業で働いてみて、日本のビジネスパーソンに決定的に欠けていると感じたのが、この習慣です。コーチング事業を始めて日本のクライアントと話していても、ほとんどの人にアウトプットの経験がありませんでした。

海外の企業に籍を置いているとき、どんな役職に就いていても、私は以下のようなことについて、絶えずアウトプットを繰り返していました。相手は上司や同僚です。

「どのような思いや考えで、今の仕事に取り組んでいるのか」
「会社やチームの方向性をどうすれば良いと考えているのか」
「自分は将来、何をしたいのか？」
「自分が大切にしている価値観は何か」

これらの発信がうまくいっているときは、効率的にサクサク仕事が進み、そうではないときは頭の中がモヤモヤして、時間をムダにしている感覚がありました。

いまいち納得いかない方のために、たとえ話をしましょう。

皆さんは、映画や本などの作品に感動した後、身近な人にその素晴らしさや筋書きを説明しようとして、思いのほかうまく伝わらなかった……という経験はありませんか？

頭の中身を人に説明するためには、あらかじめ自分の中で伝える順番や強調するポイント、相手の理解力を考慮・整理する作業が必要となります。

アウトプットのすごさは、この過程で頭の中身がスッキリ整理されることにあります。

もちろん、相手に考えを伝えることで、自分の悩みが杞憂（きゆう）に過ぎなかったり、取り組もうとしている方向が、上司や組織の方針と離れていたりすることに事前に気づけるという効果があることは言うまでもありません。

アウトプットは子どもでもできる

しかし、日本人はどうしても**「自分の問題は頭の中で悩み抜き、解決する」**という思考に走りがちで、結果解決したとしてもそのために大いに時間をムダにする傾向があります。

その点、世界の一流ビジネスパーソンは、時間をかけるような悩みがあったら、まずアウトプットから始めて「自分の方向性が正しいのか」「誰の助けを借りればいいのか」を確かめます。

彼らが息をするようにアウトプットができるのは、学校教育にルーツがあるように思います。海外で子育てをしていてわかったのは、海外の人たちは、小さな頃から学校で発信の訓練をしているということです。

アメリカやイギリス、オーストラリアでは早くも幼稚園で「Show and Tell」といって、自分にとって大事なものやトピックについて大勢の前で話すプログラムがあります。

また、イタリアでは、小学生くらいからテストは筆記試験の他に、口頭試験があって、30人近くいるクラスメイトの前で発表することに慣れていきます。

いずれも「恥ずかしい」「こんなことを言って馬鹿にされないだろうか」などと思わない年齢からスタートして、先生たちもどんどん褒めてくれるため「思いを伝える」プロセス自体を楽しめるようになります。だからといって私たちが諦める必要はありません。

裏を返せば、訓練さえすれば**子どもでもできるようになる**ということです。

かく言う私もロンドンに本社を置く多国籍企業で働いているときに、「何を考えているの？」と会議で問われしどろもどろになり、何度も恥ずかしい思いをしました。それから遠回りはしたものの、自分の考えを伝えることが「楽しい」と思えるまでになりました。

第2章では、その成果をお伝えします。

STEP 2

［選択］「何をしないか」を選ぶ

時間には限りがある

開示（アウトプット）したことで、現在抱えている課題が明確になったら、次に求められるのは「選択」です。時間は万人に等しく与えられていますが、限りがあります。

時短術でタスクを詰め込んでも、あなたの幸せにつながらなければ意味がありません。

「何をするか」と同じくらい「何をしないか」が大切なのです。

また、「何をするか」の中でも、何を「今すぐやる」べきなのかという問題があります。

私が「選択」を重視するのには、自分自身の苦い経験があります。

上海の企業に勤めていた頃、２人目と３人目の子どもが産まれ、計３年の育児休暇の後、私は待ちに待った仕事復帰を果たしました。

在宅勤務と時短勤務を駆使して職場に戻ったのですが、数カ月後、自分の実力をはるかに超えたスケールのプロジェクトを請け負ってしまいました。しかし復帰したばかりで、弱音を吐いてもいられません。経験や実力は時間でカバーするしかありませんでした。

ランチどころか5分休憩もままならないようなスケジュールを組み、ミーティングがダブルどころかトリプルブッキングするような状態でなんとかプロジェクトを成功させることができました。

幸せにつながらなければ意味がない

当時の私は、何かを「するか」「しないか」を判断するために**「会社で抱えているプロジェクトに支障がないか」**を基準としていました。人生の優先順位の最上位に「目の前にあるプロジェクト」があったのです。

そのため、せっかく時短勤務で早く帰ってきても、家から電話やメールを使ってフォローすることが多く、何のための時短勤務かわからない状態でした。

やがて「私は何に時間を使うのが幸せなのか」「小さな子どもたちや夫とはどのくらい一緒にいたいのか」などについて考える余裕がなくなっていきました。

会社でのプロジェクトは進んでいるものの、3人の子どもたちには時間が使えず、幼稚園の親子遠足で**親がいないのは我が家だけ**、という光景は一度や二度ではありませんでした。

経済がものすごい勢いで成長している上海での仕事は楽しかったものの、夫婦ともに休日返上で働きづめのなか、お互いに「あなたが仕事ばかりだから、子どもの教育ができない」とケンカが絶えなくなってしまいました。

やがて、私は自分の人生のコントロールを失い、「充実した楽しい人生」から外れていってしまったのです。

正しい選択ができるワーク

私は今でも仕事に時間や情熱をかけることは素晴らしいと考えていますが、当時は自分の価値観を見つめ直し、何が真に大切なのかを考えなければならない時期でした。

そこで**自分のためだけのワーク**を開発し、取り入れることにしました。

今では、時間に関するお悩みを持つクライアントの方々にも提供しています。

詳しくは第3章で紹介しますが、自分の頭の中に、時間の使い方を頻繁に見直すいわばツールをインストールしたことで、次のような自問自答が自動的に展開され、正しい選択ができるようになったのです。

「これは、『今』やらなくてはいけないことか？」

「私にしかできないことか？」

「今しかできないことか？」

「やった方が良いけれど、もしかしたら今やらなくても良いことか？」

もちろん、このツールは仕事にも活かされます。第3章のワークを通して、読者の皆さんが正しい選択をできる力を身につけていただければ幸いです。

STEP 3

[決断] 決める力は決めないと身につかない

日本人の仕事のボトルネック

課題を「開示」し、優先順位を「選択」したら、次に待つのが「決断」です。何をするにも決めないことには行動に移せません。

ビジネスパーソンへのコーチングでも特に悩みが多い分野で、日本人の仕事全体を通してボトルネック（生産性の低下を招いている箇所）だと感じます。

反対に、日系企業から外資系企業に転職した人に「どこが一番違うところ？」と聞くと、必ずと言って良いほど**「決断・意思決定のスピード！」**という答えが返ってきます。

決めないこと自体の弊害

以前から私が危機感を持っているのは、日本人のかなり多くの人が**「決めないこと」を「課題を未来に先送りしている」とだけ捉えている**ことです。

これは、大きな間違いです。

決めないことは決断への時間を引き延ばしているのみならず、それ自体が様々なリスクを生み出しているのです。例えば国内企業にいるコーチングのクライアントは、私にこんな悩みを吐露していました。

「スピード感を失った環境で仕事をしているからか、モチベーションが下がって業務全体の効率が悪くなっている。『何をしても次に進めない』という不能感から、自分も周りに引っ張られて、仕事に必要以上に時間をかけるようになってしまった」

「会議でアイデアを提案するときには、上司にその場で決断してもらって次のステップが明確になることを望んでいるが、リスクをつぶす追加タスクが増えるばかりで、チーム全体の残業時間が増えてしまっている」

人間誰しも、やるべきことが決まって道が示されれば、多少の困難があってもそれに向かって進めますが、いつまでも「やるか、やらないか」の地点で宙ぶらりんの状態に置かれると、他のことまで集中できなくなるなど、多くの悪影響があるものです。

大切なのは正しさではなく進展

以前、ビジネススクールの友人が、こんなことを言っていました。

「決断して、その責任をとる自信があれば、決められるよね」

決めるという行為の本質を突いていると、私は感じました。そして、この自信は最初から備わっているものではなく、決断を繰り返していくことによってのみ、培われていくのではないでしょうか。

そもそも、私たちの生活には決断がついて回ります。今日は何を着ていくか、ランチには何を食べようか、メールの書き出しには何を書こう……みんな当たり前に決めています。

ケンブリッジ大学のバーバラ・サハキアン教授の研究によると、**人は1日で最大3万5000回の決断をする**ようです。小さなジャッジは無意識に行えているのです。

ビジネスにおける決断が特殊なのは、「たったひとつの正しい答え」がないなかで、手元にある情報をもとに決定し、次に進まなければならない、ということくらいです。決断によって失敗したなら、そこから学べば良いのです。

私が在籍したある企業のプレジデントのC氏は、事あるごとに言っていました。

「PROGRESS, NOT PERFECTION」

「完璧が重要なのではない。進展があることが大事なのだ」という意味です。

彼と会議に出たときは、参加者が議論をしていると「議論もいいが、話していても市場がどう反応するかはやってみないとわからない。とりあえず決めて動いてみよう。それが一番結果に早くたどりつく方法なのだから」と発言し、決める大切さを教えてくれました。

第4章で学ぶのは、決めて動くことによって「悩む時間」を最小限にし、目標に向かって進む技術です。仕事での時間の使い方がガラッと変わる効果を実感してもらえるはずです。

STEP 4

［行動］巻き込むことでスピードが出る

「ひとりで完璧に」から「みんなでとりあえず」

「開示」して方向性が決まり、優先順位を「選択」し、何をやるかを「決断」したら、後はいよいよ行動するのみ！

ただ、本書で伝授する時短行動は、「エクセルの裏ワザ」や「使いこなすべきショートカットキー」などではありません。

「ひとりで黙々と完璧を目指す」スキルではなく、**「周りを巻き込んで、とりあえず動いてみる」**方法を学んでもらいます。それこそが最短で目標にたどりつく、グローバルな仕事術だからです。

「Don't reinvent the wheel（車輪の再発明をするな）」

私のいた海外の企業で決まって使われていた言葉です。

意図するところは**「すでに誰かが考えたり、やったりしたことを、ゼロからやり直す必要はない」**。

つまり会社では、「ひとりで考えるのをやめて、同僚や隣の部署に相談してみて！」ということになります。それくらい海外の企業では「ひとりで考えること」を嫌います。

偉そうなことを言っていますが、私も以前は自分の手元で案件を完璧なものにしてから、上司に提出することに慣れていました。

「人に聞いたらややこしいし、人に任せると自分の思い通りのクオリティに仕上がらないかもしれない……」

しかし、今では間違った思い込みだったとわかります。

早いタイミングで人に相談すると、まったく違った視点からの意見をもらって、自分の考えを客観的に、冷静に捉えられるようになります。また、人に任せて思ったようなクオリティにならなかったとしても、たいていの場合は品質よりスピードの方が重要なことが多いものです。

もちろん、こうして周りから恩恵を受けるからには、自分も他のメンバーを助け、価値を提供し合って行動しなければなりません。

もはや巻き込むのが癖になる

もっと言えば、海外のリーダーたちも最初から、「巻き込み行動」をマスターしていたわけではありません。

上海の企業でお世話になったユダヤ系アメリカ人のリーダーは、スタートアップの会社でチームを作っていくなかで、**「みんな、孤立しないで！」**を合言葉にしていました。

オフィスをオープンしたばかりで非常に厳しいタイムラインのなか、放っておくとチーム同士が情報共有をしたり、巻き込み合ったりする時間がとれないこともよくあります。

そんななか、彼のところにアイデアや提案を持っていくと、

「いいね。それ、マーケのAさんと話した？」

「そのアイデア、オペレーションのCさんに意見を聞いてみた？」

と、常に他のチームメンバーとコミュニケーションをとったかどうかを問われたことを覚えています。

あまりにもそれが繰り返されるので、**「今度提案するときは、事前に他の部署に話してからにしよう」**と、もはや巻き込むのが癖になっていきました。

こうして、会社のマネジメント層が社員それぞれの考えや得意分野をコミュニケーションを通じて理解していたので、大きなプロジェクトもチーム同士が連携して短時間で成功につなげていました。

「日本人気質だからできない／外国人だから自然にできる」わけではなく、海外の企業も意識して「巻き込み文化」を浸透させているのです。

第5章で紹介させていただく時短術は、「ひとりで完璧に」から、「みんなでとりあえず動く」ために、私のコーチングのクライアントの方々に伝え、実践してもらい、実際に結果が出たもの。

ぜひ、あなたも**「孤立しない行動習慣」**を身につけてください。

PLUS 1

［休息］
仕事以外の時間が時短につながる

サイクルを加速させる触媒

ここまでの4ステップが「神速時短サイクル」ですが、実はおまけがひとつあります。

それが**「休むこと、遊ぶこと」**です。

仕事以外の時間が仕事の時短につながる、というのは意外に思われるかもしれませんが、休息することは**「触媒」**のように機能して、「開示→選択→決断→行動」の回転を加速させてくれるのです。

生活の9割が仕事に支配され、常に睡眠不足。

私にもそんな時代はありましたが、家と会社とを往復していると、だんだん視野が狭くなり精神的にも不安定となります。そんな状態で仕事をしているので、かえって効率が悪かった記憶があります。

子育てを経験したビジネスパーソンは、多くが「仕事に割く時間が少なくなったから効率を考えざるを得なくなった」と言いますが、私も「仕事以外」が人生を占めていくにつれ、本気で時短について考えるようになりました。

本気で休むことで本気で仕事ができる

今では、「仕事以外」の時間を最優先に考えてタイムデザインしていますが、それがかえって仕事の効率化につながっています。

例えば、この原稿はバカンスが終わりかけのシチリアで書いていますが、充分な休息の後は、頭がスッキリし、考えがどんどんまとまっていくことを実感しています。

現に、私がこれまで見てきたグローバルリーダーたちは**「Work hard, Play Hard（よく働き、よく遊ぶ）」**を信条としていました。海外では趣味や教養をたしなんでいる人でないと、リーダーとして認められにくい風土があります。

仕事以外から刺激や学びを得ていることによる、幅のある人間性・在り方が、人の上に立つ者の資質とされているのです。

私が通ったフランスのビジネススクールでも、勉強以外に社交イベントがてんこ盛りで、勉学に専念していてはとうてい参加し切れないほどの数がありました。

（これほど国際色豊かなメンバーと親交を深められる機会は滅多にないから、なるべく自分でやらなくても良いようなことはアウトソースして、週末は遊びに専念しよう）

こんな不純な動機から、それこそ「巻き込む」文化に触れるきっかけにもなりました。

スポーツの世界でも、メジャーリーガーの大谷翔平選手は会食の誘いをことごとく断って、パフォーマンス維持のための休息に充てていることは有名です。

あなたもビジネスパーソンとして、自分が最大限のパフォーマンスを発揮できるよう、充分な休息や遊びに意識を振り向けてみてはいかがでしょうか。

第2章

STEP 1 OUTPUT

[開示]

アウトプットで課題を洗い出す

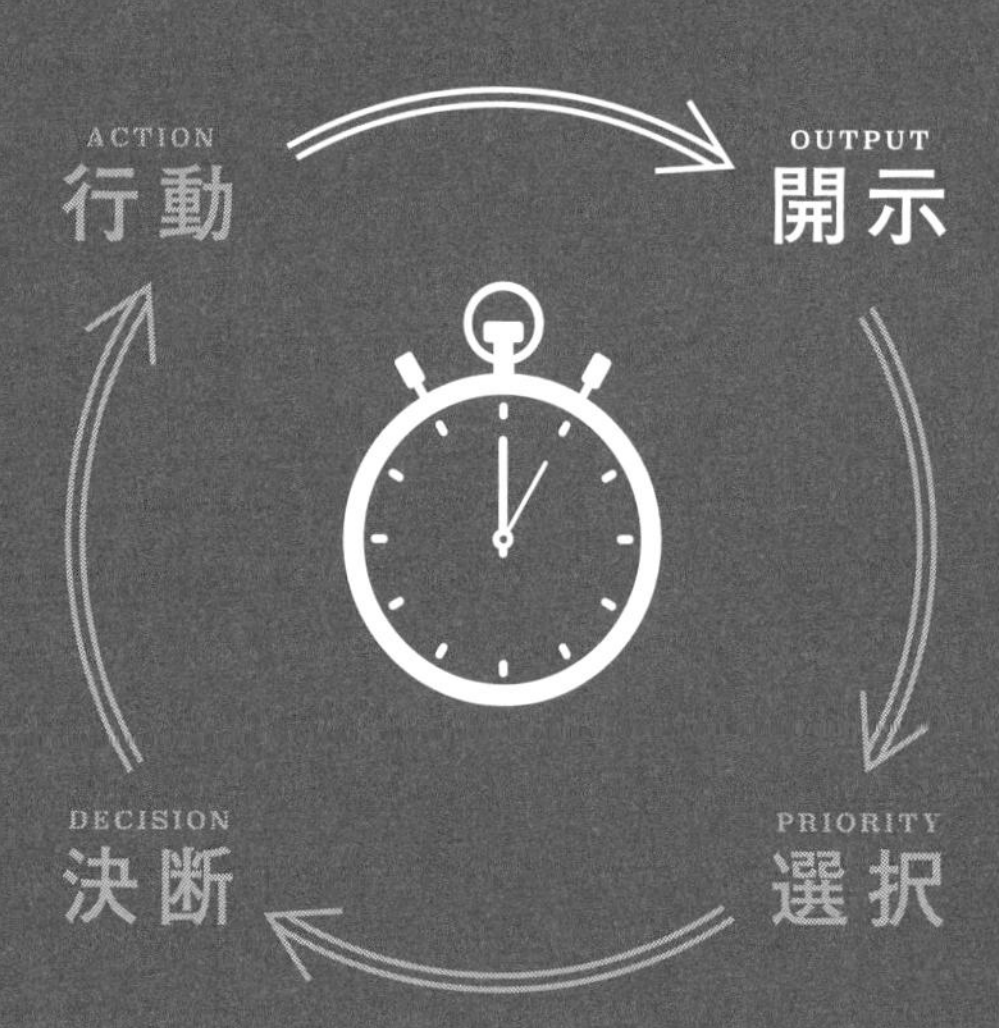

なぜアウトプットが時短につながるのか？

アウトプットのすごい効果

「開示（ここでは「アウトプット」と言い換えます）」という行為と仕事のスピードが結びつかない方もいらっしゃるかもしれません。私もコーチという仕事を始めていなければ、この関係性には気づいていませんでした。

あなたは、自分の考えをまとめたり、人に話したりしているうちに頭が整理されて、ゴールに短い時間で到達した記憶はありませんか？

「上司に仕事の悩みを相談したら、『そんなことで悩んでいたの？』とアドバイスをくれて、一瞬にして解決した」

「会議で使う資料がなかなかまとまらないうちに数週間経ってしまい、困っていたけれど同僚と30分ほど話しただけで頭が整理できて、すぐに仕上がった」

「上司との1on1（ワンオンワン）の前に、手がけているプロジェクトについてまとめていたら、その過程でどういった順番で計画を進めればいいかが、短時間で明確になっていった」


誰しも似たような思い出があるはずです。

この要因としては、第1章で書いたように、

- **上司や同僚の頭の中や、組織内にあるソリューション（解決・解答）を知らなかった**
- **課題についてアウトプットする過程で勝手に頭の中が整理されて解決に向かった**

といったものが挙げられますが、もうひとつ、見逃せないポイントがあります。

アウトプットから「承認欲求」を得られる

「承認欲求」という言葉を一度は聞いたことがあるでしょう。

人間には生理的な欲求や安心・安全への欲求など色々な欲求がありますが、承認欲求は**「他者から認められたい」「自分を価値ある存在として認めたい」という欲求**のことをいいます。

アウトプットを通じて、相手から「承認」や「理解」されるといったポジティブなフィードバックを受け取ることは、この欲求を満たすことにつながります。**人間としての幸せを感じている**のですから、仕事へのモチベーションが上がって向き合い方も変わり、良い効果を生む側面もあるでしょう。

同じ目的に向かって仕事をしている上司や同僚とアウトプットし合うことができれば、さらなる相乗効果を生んでゴールへ加速することは言うまでもありません。

私の20年あまりの会社経験に照らしても、アウトプットがしやすい職場もあれば、しにくい職場もありましたが、働きやすく、やりがいがあり、スピーディーに結果につながったのは、言うまでもなく前者の職場でした。

アウトプットには訓練が不可欠

といっても、私自身、子どもの頃から大人しめの性格で、学級委員長などの経験はまったくありませんでした。ですから、社会人になった当初は自分の意見をアウトプットすることは得意ではなく、むしろ苦痛でした。

しかし、上司や同僚が私に質問することで「アウトプットしなければならない状態」を作り出してくれたおかげで、少しずつ技術が身についていきました。

今ではコーチという立場から、**どんな環境でも「アウトプットから時短で問題解決できる自分」**を作り出すメソッドをクライアントの方々に提供するまでになりました。

課題や悩みを抱え、ひとりでぐるぐると考えている時間はムダの最たるものです。

アウトプットによって、驚くほどそのモヤモヤはスッキリし、解決につながります。

この章では、アウトプットの種類や、具体的な方法についてたっぷりお伝えします。

開示❷

アウトプットは決して怖くない

あなたの「開示」、充分ですか？

そもそも、日常生活を送っていて、自分が**充分に開示（アウトプット）できているか、判断がつかない**という方もいらっしゃると思います。

次のチェックリストにあるようなお悩みを感じたことはありませんか？

当てはまる人ほど、アウトプットを訓練することによって、仕事やタスクの進みが速くなり、頭のモヤモヤが晴れていくのを実感できるでしょう。

アウトプットが足りていないサイン

CHECK!

- [ ] 自分の考えや想いを伝えることが少ない
- [ ] 言いたいことはあるけれど、それを言える場がない
- [ ] 周りの人間が何を考えているかわからない
- [ ] 周囲の人に対して「どうせ言っても聞いてくれない」という思いがある
- [ ] 就業時間が無意味に感じることがある
- [ ] 会議や話し合いでどうしても意見が言えない
- [ ] 努力の振り返りや、成功体験を認識するといった機会がない
- [ ] 疑問や現状の改善策が頭にあるが、誰にも伝えずそのままになっている
- [ ] 講演会やイベントで「質問は？」と言われて挙手した試しがない
- [ ] 大人数の食事会では決まって最初に着いた席から動かない

「アウトプット嫌い」は慣れの問題

もっとも、前ページで多くのチェックがついた人ほど、自分の意見を発信することに抵抗感があることも事実。しかしご安心ください。

どんな人でも、アウトプットはできるようになります。

繰り返しお伝えしているように、海外ではアウトプットの得意な人が多いのですが、これは学校の教育と密接な関係があります。

3人の子どもを海外で育て、自身も留学をした私は日本、イギリス、イタリア、中国、フランスそれぞれの教育に触れてきました。その経験から言えるのは、アウトプットの能力は**「機会の多さ」**と**「慣れ」**によるということです。

私は高校まで日本の教育を受けましたが、多くの場合、テストといえば答えの決まっている記述試験やマルチプルチョイスの問題でした。

国語の長文読解では、エッセイでさえも「何が正しいか」が決まっており、「意見や想い」をアウトプットすることは日本の教育でそれほど重視されていません。

しかし、海外では事情が違いました。

国語で「意見や想い」のアウトプットを求められるのはもちろんのこと、驚いたのは歴史の授業です。日本では歴史的事件の名前や年代、関わった人名の丸暗記が定番でしたが、海外では年代が数年ずれていようと、人名のスペルが間違っていようと大した問題ではなく、大切なのはその事件が**「なぜ」**起こったのかや、**「あなたがどう思ったか」**でした。

また、イタリアでは小学校から筆記だけではなく口頭のテストがあり、算数の方程式の定義からある地域の地理の特徴まで、クラスのみんなの前で事あるごとに**「自分の言葉で説明する」**ことが求められます。

娘が通っていたイギリス系のインターナショナルスクールでの筆記テストでは、中間試験・期末試験のすべての教科において、テスト後に、自分の考えをアウトプットするための設問が用意されていました。

「あなたは今回、テストに向けて勉強をして、実際に本日テストを受けて、どう思いましたか？　うまく準備ができたのはどこで、今後改善するとしたら、何をしますか？」

何を答えても点数とは関係なく、生徒ひとりひとりが振り返りを通じてアウトプットを行い、頭の中を整理するのです。また、先生が瞬時に生徒の状況を理解することにも役立てられ、数分の記入が時短にもつながっていました。

こうした経験を通じて、私は海外の人がアウトプットに慣れている理由がよくわかりました。決して国民性などではなく、自転車に乗れるのと同じように、繰り返し訓練した結果なのです。

「ノリコは何を考えているのかわからない」

ですから、練習しさえすれば、大人になってからでも充分身につくのがアウトプットの技術です。かく言う私も海外の企業で働くようになった当初はひどいもので、誰に相談するでもなくダラダラとひとりで仕事をし、残業時間の割には結果につながらない。

試してみたものの「あれを言えば良かった」「あの言い方は良くなかった」と細かいことでくよくよするばかりで、ひとりで悩んでいました。当然、プロジェクトは思うように進まず、**「ノリコは何を考えているのか、よくわからない」**と言われていたようです。

幸いなことに上司や同僚たちが少しずつ私に質問をして、意見やアイデアを引き出してくれました。1on1（ワンオンワン）かつ、優しい口調で「あなたはどう思っているの？」と繰り返し聞いてくれることによって、だんだんとアウトプットに慣れていきました。

「自分の意見を言う」という行為が、最初は**「やったことがない」「わからない」「怖い」**ものだったのが、徐々に**「意識をすればできる」**もの、**「自然にできる」**ものへと変わっていったのです。

数年も経つと、上司や同僚とのブレインストーミングや1on1が大好きになりました。お互いの意見をアウトプットし合い、議論することで、これまでもやがかかっていたようなプロジェクトの課題や方向性が、どんどん明確になって、次のステップがクリアになる過程にワクワクするようになりました。仕事もどんどん捗るようになりました。

私の体験を読んだ皆さんは、もう「国民性」や「気質」を言い訳にはできないはずです。本章で紹介するテクニックで新しい扉を開いてください。

開示❸

アウトプットの種類は「書く」「話す」「聞く」の3種類

それぞれの方法にメリットがある

アウトプットの基本は、**「肯定的に傾聴してくれる相手に、自分の意見や想いを話し、ときに質問することによって頭を整理し、目指したい方向性や解決策を明確にする」**こと。

この中には自分の意見や想いを伝える「**話す**」アウトプットと、相手に効果的な質問をする、つまり「**聞く**」アウトプットが含まれています。

「うちの職場には、そんな良いフィードバックをくれそうな人はまだいないな……」

そう思われた方もいることでしょう。私の経験では、まだアウトプットをする習慣がないため、そう思い込んでいるケースも多くあります。上司・同僚と建設的なコミュニケー

「書く」アウトプットのメリット

- 相手が必要ないのでひとりでできる
- いつでもどこでも何度でもできる
- 「話す」「聞く」アウトプットの準備になる

「話す」「聞く」アウトプットのメリット

- 自問自答では得られない想定外の気づきを得られる
- アウトプットするだけで問題が解決することがある
- 後述する「巻き込み行動」の第１段階がクリアできる

ションをはかるには、相手の資質に任せるのではなく自身のスキルも磨く必要があります。そのために本章がありますから、安心してください（笑）。

ただ、それでも環境が変わらないこともあるでしょう。

そこで使えるのが**「書く」**アウトプットや、自問自答で行う「セルフ・コーチング」のアウトプットです。

また「書く」ことは「話す」アウトプットの質を向上させることにつながります。

この章では、「書く」「話す」「聞く」、それぞれのアウトプットについて、具体的な方法をお伝えします。

開示❹

「書く」アウトプット

セルフ・コーチングでモヤモヤ整理

いつでもどこでも始められる

まずは「書く」アウトプットから解説しましょう。

「上司との面談に備えて、プロジェクトの現状のステイタスをまとめていたら、なぜか色々なアイデアが出てきた」

「同僚に相談しようと思い、メールを書いていたら課題が明確になって、次のステップがわかった」

「日記を書いていたら、気づきがあった」

人に話すのと同じく、**自分の考えを書き出すことの効果**を実感したことがある人は少なくないでしょう。

私は数年前からメルマガを書いていますが、最初は「徒然(つれづれ)なるままに」といった風でまとまりがなかったのが、書いていくことによって体系化され、論旨が整理されてきた感覚があります。

「書く」アウトプットのメリットとしては次のようなものが挙げられます。

- 相手がいらない
- どこでもできる
- 意識さえしていれば、頻繁に行える
- 人前で緊張しがちで、頭が回らなくなる人でもすぐできる
- 生煮えの考えを人に話すことに抵抗がある人でもできる

効果的な「書く」アウトプットのための質問集

さて、いよいよ**何を「書く」のか**です。まず、「書く」「話す」「聞く」アウトプットに共通して、守らなければならない鉄則があります。

・効率化、改善、問題解決に向かって「前向き」で「提案型」であること
・何ができないか、何が困難かなど、「後ろ向きな愚痴だけではない」こと
・他の人や部署の悪口、意見の否定など、ネガティブな内容でないこと

例えば日記も効果的なアウトプットになることはありますが、職場の愚痴を書き出したら、時短どころか、イライラしてネガティブな気分になり、むしろ一歩後退してしまいます。

では鉄則にのっとって、ここでは仕事や職場のモヤモヤを解消し、スピーディーに解決に導くための効果的な質問をいくつかご紹介しましょう。

「書く」アウトプットの一例

Q あなたの（もしくは組織の）目指すべきゴールは何ですか？

（　　　　　　　　　　　　　　　　　　　　　）

Q ゴールとあなたの距離について、現状をどう考えていますか？

（　　　　　　　　　　　　　　　　　　　　　）

Q 設定したゴールに到達するまでには、どんな複数のステップがあると思いますか？

（　　　　　　　　　　　　　　　　　　　　　）

Q 次に踏むべきステップは何ですか？

（　　　　　　　　　　　　　　　　　　　　　）

Q そのステップに到達するために、何をすれば良いですか？

（　　　　　　　　　　　　　　　　　　　　　）

Q それを成すために、あなたは上司（同僚）に何を求めますか？　（例：許可　予算　アイデア　協力　etc.）

（　　　　　　　　　　　　　　　　　　　　　）

Q あなたが上司（同僚）だとして、あなたの現在の状況についてどう思っているでしょうか？

（　　　　　　　　　　　　　　　　　　　　　）

Q 上司（同僚）は、あなたの提案について、どのように反応すると思いますか？

（　　　　　　　　　　　　　　　　　　　　　）

Q また、それはどうしてでしょうか？

（　　　　　　　　　　　　　　　　　　　　　）

このような質問を自分に投げかけて、**第三者的な視点に立って、自問自答をする**わけです。

私も本書を執筆しながら、色々なアイデアが混ざってこんがらがってしまったとき、「さて、ここで私は何が言いたかったのだっけ？」と客観視して、「目の前にいる誰か（前ページの例でいう上司や同僚）」にわかりやすく説明をする気持ちで、「ここでは○○について書きたいんですよ」と**ひとりで会話をしながら**進めています。

「書く」準備で時短につなげる

自分の考えや想いを書き出してまとまってきたら、当初は「書く」だけでとどめようと思って始めたアウトプットを、実際に上司や同僚に「話す」気になってくるかもしれません。その場合はせっかくなので**「話す」アウトプットの道具**にしてみてください。

良い事例として、あるコンサルファームに勤める私のクライアントの例を紹介します。

仕事の進め方でモヤモヤしてしまって、週末も休むどころか、会社のプロジェクトのことで頭がいっぱいのときがありました。

どうしたら良いかわからず、とりあえずその件について、自分の考えをスライド（※コンサルファームでは、仕事はパワーポイントのスライドが成果のことが多いのです）にまとめ、自分が提案するアイデアについての「メリット」と「デメリット」を書き出してみると、頭がスッキリしました。

試しに、それを上司に送ってみたら、週末にもかかわらず上司から肯定的なお返事がもらえて、嬉しかったのはもちろん、月曜日からの仕事の効率がアップしました。


このように、職場でのモヤモヤが止まらないときは、いきなり上司や同僚に相談に行くのも良いですが、まずは**準備としての「書く」アウトプット**が有効です。

「何を伝えたいか」が頭の中で整理されていれば、気持ちも落ち着き、ゆっくり話せるでしょう。人は話を聞くよりも読む方が早いので、上司にとっても時短となります。

事例の方のように、あらかじめ上司に書いたものを送っておいて、相手がそれを〝消化〟した頃に話すと、感情的になることもなく、より短い時間で解決方法が導けるはずです。

開示❺

「話す」アウトプット
課題解決に向く相手・向かない相手

誰でも良いわけではない

さて、次は「話す」アウトプットについてです。

「書く」アウトプットの自問自答に慣れてきたら、同じことを上司・同僚に行うのです。

同じプロジェクトを進めている相手にうまく使えば、メールなどのテキストベースで何往復もかけていた仕事が、数分間で道筋がついてスピーディーに次のステップに移れることさえあります。

この手法で課題を解決するためには、**相手が誰か**がとても重要です。

言うまでもなく、「話す」アウトプットはコミュニケーションですから、相手からあなたの状況に応じた意見や質問といったフィードバックがもらえなければ意味がありません。

ですから、特に最初は「話しやすい相手」と行いましょう。

具体的には、あなたが次のような印象を持っている上司・同僚です。

アウトプットの相手として向いている人

- 意見を否定せずに、最後まで聞いてくれる
- 視野を広げたり、気づきを得られる質問をしてくれる
- 自分を受け入れ、承認してくれて、安心感を覚える
- 話しやすく、気がつけば想定していたよりも長く話してしまう

このような相手は、面倒くさがらず傾聴してくれたり、良い質問をしてくれるだけではなく、言葉以外の「うなずき」や「視線」への気配りもできる人でしょうから、あなたがアウトプットして悩みや課題を解決する相手として最高です。

きっとひとりで書き留めたり、自問自答する「書く」アウトプットとは比べ物にならな

い成果があるでしょう。

逆に、あなたが次のような印象を持っている上司・同僚をアウトプットの相手にするときは、ひと工夫が必要になってきます。

アウトプットの相手として向いていない人

- 話し終わる前に、アドバイスやお説教が始まる人
- 意見を聞いているようで、聞いていない人
- 話を承認ではなく否定から始める人
- 話していて自分が萎縮（いしゅく）してしまう人

このような相手に考えなしに話しかけても、気づきを得たり、悩みが解決されることは少ないでしょう。せっかくコミュニケーションの機会を作っても、時間をムダにした感覚があったり、ストレスを覚えて終わることさえあります。

ただ、**仕事においては相手を選べない状況**はいくらでもあります。あなたが置かれてい

る立場によっては、このような人にもアウトプットしていかなければなりません。

苦手な相手への準備

例えば、こちらの話を途中で打ち切ってアドバイスや説教を始めてしまう相手には、「**これから少々意見をお話ししたいので、まずは最後まで聞いていただきたいのですが……**」と前置きをしておくのがおすすめです。

また、こちらが萎縮してしまってうまく話せない相手には、「書く」アウトプットで書き出したものをまとめてテキストベースで送り、相手が確認した頃に「**お送りした文書についてご意見をうかがいたいのですが……**」と切り出すとスムーズです。

たとえ相手が苦手な人であっても、ひとりで考え込んでいるよりは良い影響があります。

それに、「苦手な人」というのは、あくまであなたの印象です。他の人にとっては、アウトプットしやすい相手であることもままあります。つまり、関係構築が充分でない可能性があるのです。

次項では、そんな相手と関係を構築するテクニックをご紹介します。

開示❻

「話す」アウトプット
1on1でスピーディーに関係を構築

職場での「知り合い」を増やす

「上司にアウトプットしようにも、緊張してしまってうまく話せない」
「そもそもリモートワークが多くて、顔と名前も一致しない」
「職場に〝顔見知り〟はたくさんいるけれど、それ以上があまりいない」

そんな方は、まず上司や同僚・他部署の人などとコミュニケーションをとり**〝顔見知り〟を〝知り合い〟にランクアップさせる**ことから始めましょう。アウトプットはその次です。

おすすめなのは、1on1（ワンオンワン）での**「スピーディー人間関係構築法」**です。

といっても、お近づきになりたい人と一対一で話す、それだけです。

最近では、上司と部下の面談を1on1と呼称していますが、ここでは同僚なども含みます。上司・部下の関係に限らず、一対一で15分くらい話すだけで、人との距離はぐっと近づきます。

「今は話しにくいけど、上司のことをもっと知りたいな」「○○部の彼とは今後連携することになるし、一度話してみたいな」。そう思ったら、積極的に申し込んでみましょう。

1on1のメリットと手法

といっても、構えることはありません。

「今後、色々と関わってお仕事をさせていただくことになると思うので、一度、1on1をさせてください」

これだけです。グローバルな企業では、こんな風にカジュアルに1on1を申し込みます。お互いを知り、関係が構築されるだけで、その後の仕事の進み具合が違います。とても良い文化だと思います。話題にすることとしては、以下のようなものが良いでしょう。

・話せる範囲のお互いのバックグラウンド
・お互いの部署（役割）をどう思っているか
・お互いがそれぞれにどう貢献できるか

これらを共有しておくだけでも〝顔見知り〟から〝知り合い〟に間違いなく昇格します。ハラスメントにあたるような、プライベートに立ち入った質問は慎むべきですが、話題への相手の反応が良ければ家族の事情や趣味を聞いておきましょう。今後コミュニケーションをとる際の取っかかりになるでしょう。

鉄は熱いうちに打て

特に1on1をおすすめしたいのが、**転職をしたばかり、新しい部署に入ったばかり**の人です。何らかの組織の一員になったことがある方は心当たりがあるでしょうが、最初の1カ月だとアプローチしやすい相手も、半年も経てば格段に連絡しにくくなります。

また、入ってすぐは何でも**「知らなくて当たり前」**でどんな質問をしても恥ずかしくないので、上司はもちろん、関係各所の人々と役職にかかわらず１ｏｎ１をしておくことをおすすめします。もっとも、組織の事情がそれを許さないこともあるでしょうから、その場合はそれこそ上司と相談して進めるのが良いでしょう。

一点、気をつけておきたいのが、転職のケースです。特に同業他社からの転職の場合、前職と現職のわかりやすい違いが目について面白おかしく口にしたくなるものですが、比較される側は想像以上に敏感になっています。せっかくの１ｏｎ１で第一印象を悪くしないように、52ページの「アウトプットの鉄則」を守りましょう。

30分の１ｏｎ１を数人と行えば、数時間かかりますが、その後のアウトプットのしやすさ、仕事のスピードを考えれば、充分にリターンに見合う投資です。

人は接触回数が多ければ多いほど、相手を親密に感じやすい生き物です（「ザイアンスの法則」）。しかし、大勢が出席する会議で何度顔を合わせようと、直接話したことがなければ永久にお互いは「その他大勢」であり、接触機会にはならないのです。ぜひ**「スピーディー人間関係構築法」**で得た関係を「話す」アウトプットに活かしてください。

開示❼

「話す」アウトプット
化学反応を起こすブレストの条件

数人で行うアウトプットのメリット

ここまではひとり、もしくは一対一で行うアウトプットについてお伝えしてきましたが、**複数人で行う方が効果的**な場合もあります。

創造的なアイデアをブレインストーミングで考えたり、バックグラウンドが違う人たちを集めて多様性のある意見を交換したりすべきときが、それにあたります。

ここでは、私がグローバル企業で見てきた、**時短につながる3つの集団的アウトプット**について紹介します。

多様性ブレインストーミング

プロジェクトがキックオフするタイミングで、各部署の様々なバックグラウンドのメンバーを集め、考えや想いをアウトプットする場を設けます。そこで出た意見によってプロジェクトの方向性を決定します。

人数は**一桁が理想**で、多くても10人ちょっとが望ましいです。それ以上になりそうなら、ブレークアウトセッション（複数のミーティングを同時に開催する）を利用して、小さなグループをいくつか作り、さらにそれを発表する場を設けます。

司会やファシリテーターには、アジェンダ（会議の流れ）を準備すると同時に、自分の意見や気持ちを安心して表現できる、いわゆる**「心理的安全性」**が保たれる環境作りが求められます。あえて職場から離れてオフサイトミーティングにしたり、ランチミーティングを組み合わせて行う場合もあります。

半日、もしくは1日を使うことになりますが、メンバー同士の人間関係が構築でき、多様な意見をすくえる場になるので、これを行っておくことが最終的には時短となります。

関係者強制参加ディスカッション

忙しい日々のなかで、「そういえば、あの問題ってまだ解決されていなかったんだっけ?」といった案件が多く出てきます。放っておくとやがて忘れられてしまうことすらありますが、それを防ぐのが最小限の人数での「関係者強制参加ディスカッション」です。

上海のある企業で、当時の社長と毎週の1on1をしていたときのこと。

「実はあの件、まだ進んでいないのですが」

と私が切り出すと社長は、

「まだなの? ○○さんとも別々に1on1していたけど、埒(らち)が明かないから、一緒に話そう! **○○さん、今時間ある?**」

と、もうひとりの当事者の同僚をすぐさま呼ぶと3人でブレストを始め「その場で」次のステップについて全員が同意しました。その進め方で正しいかは別にして、少なくとも**「まったく進んでいない状態」**から抜け出し、動き出すことができました。

このように、グローバル企業では、停滞している問題は、**「その場」**で**「複数メンバー」**でアウトプットして**「一緒に決めて動く」**。そうすることで、企業としてのスピードを保っていました。

魔法のカジュアル・ブレスト

私が仕事において大好きな瞬間があります。

ふとした雑談をきっかけとして次々に意見が出て、問題解決につながる「魔法のカジュアル・ブレスト」が起こったときです。これは**さりげないアウトプット**から始まります。

「昨夜、ちょっと思いついたんですが……」
「実は今日、お客様からこんな声がありました」
「一応、報告しておきますね」

こんな、メンバーの気づきやちょっとしたコメントから何かが開けていくのです。

しかし、これらは改まった場では口にしづらい、あまりにもさりげない意見だったり、疑問だったりします。職場の雰囲気によっては、言い出せずに本人も「まあ、いっか」と忘れ去ってしまうこともしばしば。

だからこそ、日頃からメンバーが**どんな小さなことでもアウトプットできる**ような環境が整えられている必要があります。

「そんなこと、わざわざ言うまでもないよ」といった反応ではなく、「私もそう思ってた！」「それ、◯◯の解決の糸口になるかも！」など、化学反応を良しとする風通しの良さが求められます。

このように、グループで意見のアウトプットをすることは、個人にとっても、組織にとっても、時短の面からも大きなメリットがあります。昨今の企業に求められているＤＥ＆Ｉ（多様性・公正性＆包摂性）の視点にも適うものです。

個々に進めていると「あの部署がこう言っているから、先日の方向性では難しいかも」といったことが起きますが、最初から一緒に話せば、その場で課題が見え、一緒に次のステップを考えることができるため「振り出しに戻る」ようなことはないのです。

多様性ブレインストーミング

心理的安全性が保たれた多様なメンバーでのディスカッションで一気にプロジェクトが進む

関係者が強制参加ディスカッション

関係者が一堂に会し、必ずその場で次のステップに進む

魔法のカジュアル・ブレスト

アウトプットしやすい環境下で雑談が問題解決に

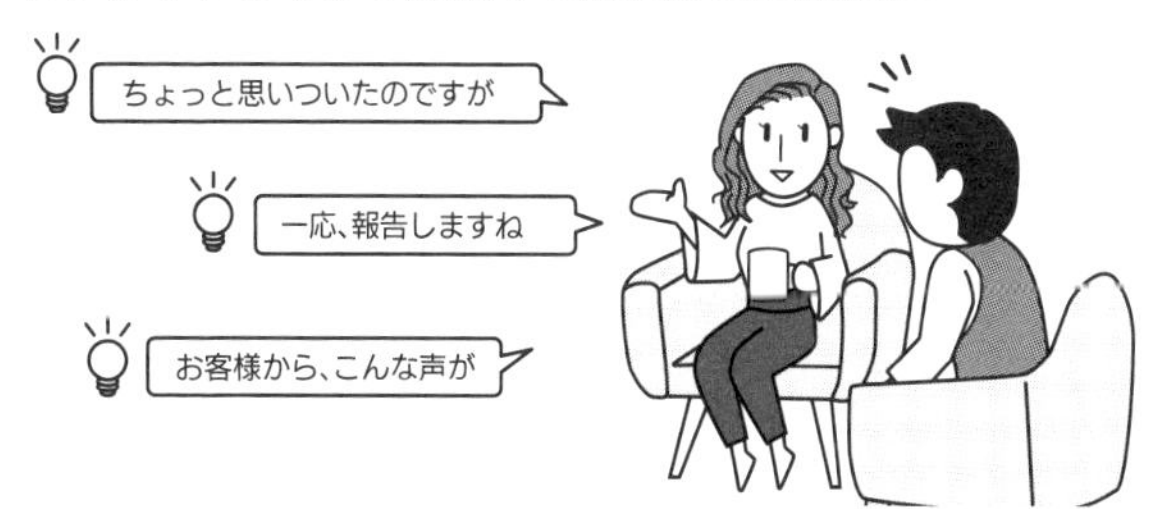

開示❽

「話す」アウトプット

非効率会議に徹底的にオサラバする

複数で行うアウトプットは、前項のような理想的なものばかりではありません。会社で**〝時間泥棒〟になりがち**なのが会議ですよね。

クライアントからも、「祝子さん、会議で時間がつぶれて仕事になりません」「うちの会社、やたらに会議の回数が多くって……」といった相談をよく受けます。

私は10カ国の企業で働くなかで、実に様々な会議を見てきましたが、とりわけ効率的なアウトプットの場になっていたのは、とあるイギリスのグローバル企業のものでした。

その特徴は以下の5点です。

時短になる会議5つの特徴

・アジェンダ

まずは会議で「何を話すか」を明確にするところから。「とりあえず話そうか！」と集まってしまうカルチャーの組織なら、アジェンダ作りからスタートしましょう。

・参加者の選定

裁可をくだす決断者はマストとして、その他のメンバーは最低限に。話を聞いているだけの人はカットしていき、可能であればファシリテーター役を立て、その人がテンポを管理し、決断者の意見を聞いてチームとしての決定をしていく。

・事前資料

会議は情報共有ではなく、決断の場として使う。事前に共有できることは資料でまとめて送っておく（人は聞くスピードよりも、読むスピードが速いため）。いくら忙しいシニアメンバーも、事前共有資料を読むことは義務と心得る。

・**時間設定**
会議の所要時間に固定観念を持たない。「とりあえず会議は1時間！」など根拠がない時間設定なら、思い切ってそれを45分にしたり、30分にしたりしてみましょう。「この時間内で決めなくてはいけない」となれば、不思議とその枠内で終わるものです。

・**議事録と次のステップ**
議事録でまとめるのは「何が話されたか」「何が決まったか」。そして、次回の会議までに決まったことが実行されたかをチェックする。

さらなる応用編としては**「立ったままの会議」**を推奨している会社も経験しました。人間、いったん座ってしまうと腰を据えて話したくなるもの。立ったまま会議がスタートすると、みんな早く終わらせたくてスピードアップにつながりました。

ファシリテーターの立場だったときは、**「会議が始まる前に議事録を仕上げる」**という技を使ったことがあります。どういうことかというと、会議が始まる前に「どのようなアウトカム（成果）が望ましいか」を考え、それを得られるように会議が進むことを想定し、頭から議事録を書いてしまうのです。これによって、進行表の穴やあらかじめ誰に根回しをしておくべきかがはっきりします。

会議の進め方へのアウトプット

「とはいえ自分は会議の主宰でもファシリテーターでもないし……」

そう思われたあなた、どんな立場にいても会議の進め方を変えることはできます。

たとえ若いジュニアメンバーだったとしても、**自らファシリテーターに立候補したり、アジェンダや事前資料を準備したりして**、上司に「今度の会議の準備をしました」とアウトプットしてしまえばいいのです。

すぐに改善につながらないとしても、少しずつでも積極的にアウトプットしていれば、必ず「誰かが見ている」ものです。最初はサポートが得られず孤独を感じることもあるかもしれませんが、長期的には誰かが応援してくれる――というのが世界中で働いてきた私の経験則です。ぜひ無理のない範囲で挑戦してみてください。

開示❾

「聞く」アウトプット

ポジティブ・フィードバックをおねだり

上司も部下も人間

ここからは「話す」アウトプットのバリエーションとしての「聞く」アウトプットです。

「上司が忙しそうで、なかなか話ができない」

「上司からどう思われているかわからず、意見のアウトプットに不安がある」

こんな方もいるかもしれません。私も、過去の多くの上司たちを思い浮かべると、コミュニケーションがうまくとれていた人もいれば、大きな会議で顔を合わせるだけでろくに挨拶もしないまま、離れてしまった人もいました。

後者の方々とは、私からもっと積極的に動いて状況を改善する努力をすれば良かった……

と反省しながら本項を執筆しています。

現在はリモートワークの導入やチャットツールの発達で1on1もなく、上司から降ってくるタスク管理に追われて、ロボットのように作業をこなしているように感じることもあるかもしれません。

関係性を改善するのに、最も有効な方法は実に明快、**「直接聞く」**ことです。

「私の仕事、どうですか？　どのあたりは良くて、何を改善すれば良いですか？」

これだけです。もちろん、必ずしも肯定的な答えが返ってくるとは限りません。

私は著書『国際エグゼクティブコーチが教える　人、組織が劇的に変わる　ポジティブフィードバック』（あさ出版）で、上司は部下の成長のために、**結果ではなく存在、行為、可能性について肯定的な言葉を使って話をして欲しい**――と提唱しました。

おかげさまで大きな反響をいただきましたが、未だに日本の上司の多くはポジティブフィードバックを意識してはいません。もちろん、彼らは彼らで中間管理職としてのプレッシャーと戦っていますし、そもそも上司がプレイヤーであった昭和時代では怒声のもとで仕事をすることもザラだったでしょう。

つまり悪気がないわけで、そこは部下のあなたが補ってあげれば良いのです。

漠然と自分への評価を聞くのではなく、

「先日の私のプレゼン、どうでしたか？　良かった点を3つと、改善点を3つ教えてください」

と積極的に聞いてみましょう。

そうすれば、上司の方も「そうだね、良かった点は……」とポジティブフィードバックから話を始めてくれるでしょう。

上司からの、年に何度かの人事評価を待っていては、自分への客観的な評価がわからず、ひとりで不安になったり悩んだりするばかり。**その時間こそムダの最たるものです。**

「聞く」アウトプットを使い時短につなげましょう。

部下から上司へのポジティブフィードバック

少し話は逸れますが、私は、母親になって初めて「母親業」について学びました。

上司だって、上司になってからの方がマネジメントについて学ぶことが多いはずです。

マネジメント研修を数時間受けたところで良い上司になれるはずもなく、彼らもそれなりに苦労をし、試行錯誤しながらリーダーシップを身につけるのです。

あなたが、前述した「ポジティブフィードバックのおねだり」をすることによって、彼らは上司として、新たな気づきを得るはずです。

同時に、**上司の彼らにもポジティブフィードバックが必要**だということを覚えておいてください。目上にフィードバックとはおこがましい！　と思われるかもしれませんが、私が今まで受けた評価で最も嬉しかった評価のひとつは部下からのものでした。

日々「人の上に立つ者として、このやり方で良いのかな……」と不安がっているところに、部下からの肯定的な評価をもらえると、大きな自信となるのです。

上司も部下も、ひとりの人間。

積極的に「ポジティブフィードバック」をアウトプットして、お互いに学び合える関係性を構築しましょう。緊張や、抵抗があるかもしれませんが、その数分が、あなたと上司の成長や人間関係構築につながるのです。

開示⑩

「聞く」アウトプット
成功者にインタビュー時短術

夢や課題解決への最高の近道は？

「聞く」アウトプットが有効なのは上司が相手のときばかりではありません。

これから紹介する**「成功者にインタビュー時短術」**を使えば、仕事での課題全般の解決、さらには自分の夢をスピーディーに実現させることさえできてしまうのです。

何をするのかといえば、同じ悩みや夢を持っていた〝人生の先輩〟に聞きに行くのです。

「愚者は経験に学び、賢者は歴史に学ぶ」

ドイツの伝説的な政治家、オットー・フォン・ビスマルクの言葉です。

あなたが悩んでいること、実現しようとしていることは、たいていの場合、多くの先輩たちが経験し克服してきたことに他なりません。その知識（歴史）に学ぶわけです。

私自身、いくつもの夢・目標をこの方法でスピーディーに実現してきました。
「海外オフィスへのトランスファー」「希望するプロジェクトへのアサインメント」「昇進」「起業」「時間と場所にとらわれない働き方」「世界的講演会TEDへの登壇」「本の出版」……挙げればキリがありません。

私は3人の子どもを育てていますが、ひとりが障がいを持って生まれたこともあり、実にキャリアに3年の〝空白〟があります。また、会社員人生も順風満帆ではなく、うまくいっていた時期の方が短いくらいです。

それでも夢・目標を実現できたのは、「成功者にインタビュー時短術」を使ってきたからだと考えています。

やり方は本当に簡単で、**あなたの課題や夢に対する想い**を、それを解決・実現してきた人にアウトプットするだけです。

想いといっても、構えなくて大丈夫です。

「本当にそれがやりたいことなのか、わからない」
「この手法にどれだけリスクがあるか、わからず不安」
「やってみたいけれど自分にできるとは思えない」

こんな段階でも問題ありません。
むしろ話をしてみて**「やっぱり私はこの道には向いていないな」**とわかれば、それは自分で経験するはずだった時間をショートカットしたことになり、究極の時短になります。

必要なのは積極性だけ

コロナ禍後は顕著ですが、現代は色々な方と簡単につながることができる世の中になりました。起業家、経営者、インフルエンサーまで、SNSを通じて気軽にアプローチができる環境が整っています（もちろん守るべき節度やルールはあります）。

あなたが〝雲の上の人〟だと思っている人も、同じ人間です。私の経験則ですが、共通の課題・夢を持っているとわかれば、案外お返事をくれるものです。

先日、日本で大きな成功を収めている起業家と話をしていたときのこと。

私が、

「どうやって、こんなにたくさんの事業を数年で構築されたのですか？」

と質問すると、事もなげにこう答えられました。

「成功している人を見つけて、聞いたんですよ」

「自分は何も知らなかったので、市場で一番成功している競合の社長さんに電話して聞いてみたら、全部教えてくれて（笑）。応援もしてもらいました」

中国古典の『呉越春秋（ごえつしゅんじゅう）』に「同病相憐れむ（どうびょうあいあわれむ）」（同じ病気、同じ悩みや苦しみを持つ人は互いにいたわり合い、同情し合う）という言葉がありますが、共通の悩みを持つ者を応援したくなるのは人の性（さが）ということでしょう。

ここまで見てきたように、「神速時短サイクル」の第1段階、「開示（アウトプット）」で大切なのは人に関わる積極性、思い切りです。日本人の苦手分野ではありますが、ここさえクリアできれば、いよいよサイクルが回り始めます。

そして、同じくらい大切なのは、**人の力を借りるのだから、自分も力を貸す義務があるということ**。あなたの後輩や部下、同じ悩みを持つ人が話を聞きにきたときには、ぜひ協力して何でも話してあげてくださいね！

第3章

STEP 2 PRIORITY

[選択]

タスクの優先順位を決める

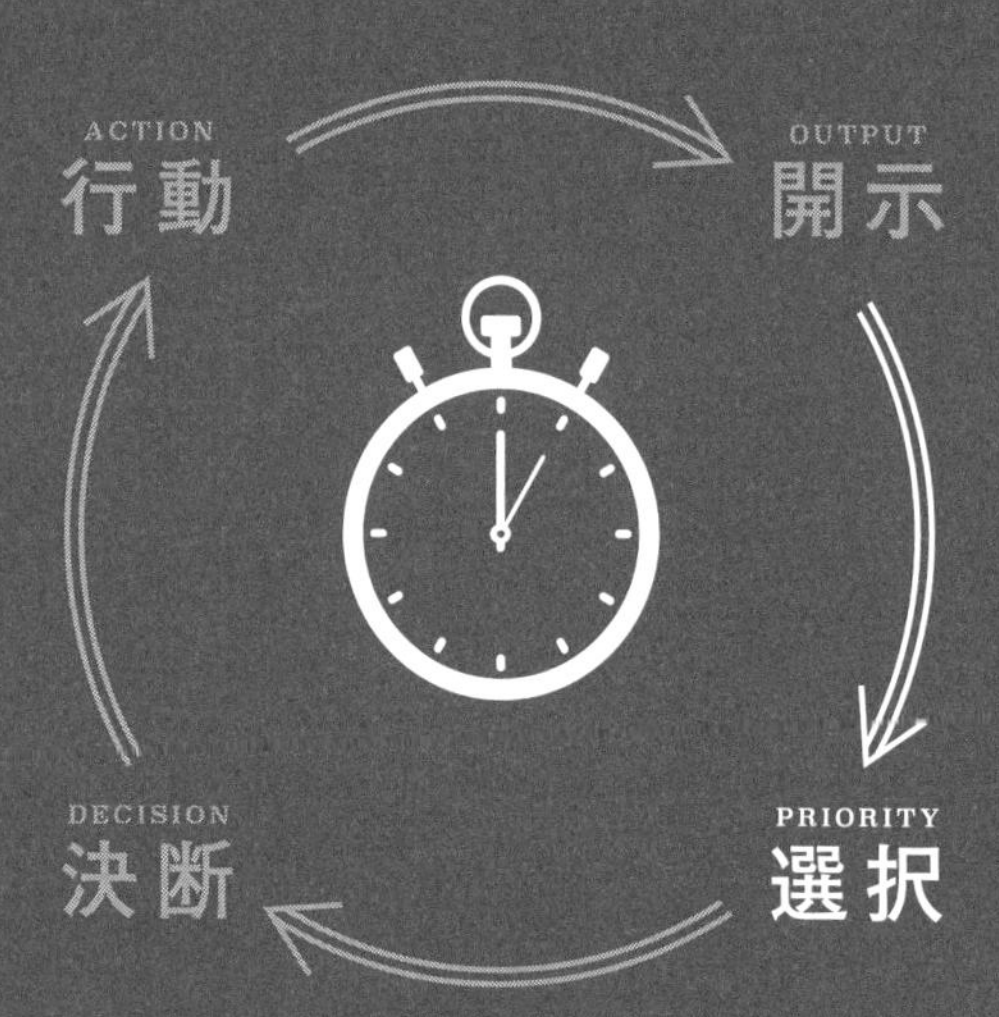

選択❶

インコントロール集中思考

結果につながらないことは悩まない

開示したら次は選択

第2章で「開示（アウトプット）」について学びました。上司や同僚・人生の先輩に学ぶことで、「やるべきこと」が明確になったことと思います。ではさっそく行動！　といきたいところですが、まだステップがあります。

生きていて「やるべきこと」がたったひとつ、なんて瞬間はありませんよね。「やるべきこと」が山積して、頭を占領している状態が常です。

第1章でも述べましたが、かつて私は3年の育児休暇を終えて仕事復帰した後、遅れを取り戻そうと馬車馬の如く働き、結果人生のコントロールを失い、家庭崩壊の危機に陥りました。

そこで私は、

「これは、『今』やらなくてはいけないことか？」

「私にしかできないことか？」

「今しかできないことか？」

「やった方が良いけれど、もしかしたら今やらなくても良いことか？」

といった問い、つまり優先順位の「選択」を間違わないために、自分のためにいくつかのツールを作りました。本章ではそれを皆さんに紹介していきます。

すべてをコントロールはできない

さきほどの私の例でいう「仕事と家庭の両立」もそうですが、限られた時間のなかではどうあがいても思い通りにコントロールできない事柄があります。

どうすることもできないことに悩んだり、執着したりするのは心身に毒ですし、何より**「時間のムダ」**です。

コントロールできること（イン・コントロール）に集中する思考、これをマスターしましょう。

生きていくなかで頭を悩ませる色々な事柄のうち、私たちがコントロールできないものは意外にたくさんあります。これらは、いくら悩んでも働きかけてもその結果に影響はありません。

コントロールできないものの代表格としては**「あなたに決定権がないこと」**と**「過去に起きてしまったこと」**があります。明日の天気や会社の人事、すでに終わった試験の結果などがこれにあたります。

逆に、あなたにコントロールできるのは**「自分で決断しアクションを起こすことで、結果に影響を与えられること」**です。こちらに集中することが有効な時間の使い方につながります。

では次は、「イン・コントロール集中思考」の具体的な方法について見ていきましょう。

コントロールできること

イン・コントロール

- 自分で決断できる
- 自分の行動で結果が変わる

時間を使う価値がある

コントロールできないこと

- 自分で決められない
- 自分の行動で結果が変わらない

時間を使う価値はない

選択❷

イン・コントロール集中思考

因数分解して正体を見極める

イン・コントロール集中思考実践編

悩みを「コントロールできること」「できないこと」に分けるといっても、世の中そう単純にはできていません。その日の夕食の献立ひとつをとっても、どちらかに割り切れるものではありません。

そこで必要になるのが、大雑把な悩みを細かい要素に分け、それぞれがどちらに属するのかを**判断する力**です。本項では事例をもとにその訓練をしていきましょう。

・自分では決められないこと

例えば、社内の会議で大きなプロジェクトの提案をプレゼンテーションするとしましょう。この場合、プレゼンで使う資料の質を高めたり、話し方を練習することはできますが**（イン・コントロール）**、あなたの提案が採用されるかどうかは、他のプロジェクトの優先順位やリソース、経営陣の考え方などによります**（コントロールできない）**。

プレゼンをする前から、結果がどうなるかといったコントロール外のシナリオを不安がっても、これは時間のムダになります。

・自分の手を離れたこと

私が主宰する、あるコミュニティに参加している方が、海外での就職が決まりました。あとは就労ビザがおりるのを待つばかり**（コントロールできない）**。代理店にコンタクトしてみたり、入社が決まっている会社に働きかけたり**（イン・コントロール）**、できることを終えると「不安は拭（ぬぐ）えませんが、あとは待ちます」「日本でできることを楽しんでいます」とおっしゃっていました。イライラせず「人事を尽くして天命を待つ」を地で行く姿が素敵でした。

・過去に起きたこと

あなたが就職活動をしていて、想いを込めた履歴書やエントリーシートを書き、情熱を面接でアピールしたとします。

帰宅後、「あのとき、笑顔で話せていたっけ？」「あの発言、他にも言い方があったのでは？」「受からなかったらどうしよう……」などと悩んでも、過去（**コントロールできない**）は変えられません。

これを別の会社への就職活動に活かすのであれば（**イン・コントロール**）それは良い時間の使い方になりますが、反省と後悔は似て非なるものです。後悔するくらいだったら気分転換に時間を使った方がよほど良いでしょう。

・将来の、今はわからないこと

会社員時代、私は漠然と「独立したいな」と考えていました。

「国際的で、今までのビジネス経験が活かせることがしたいな」とぼんやり夢を見ていたものの、具体的な事業像は浮かんでいませんでした。

「お客様が集まらないかもしれない……」

「やりがいの持てる仕事になるかわからない……」

不安や疑問はいくらでも出てきます。

行動に起こす（**イン・コントロール**）こともなく、頭の中で将来起こるかもしれない（**コントロールできない**）ネガティブな仮説をいくつも組み立て、現状を維持する理由にしていました。

私は、このように「コントロールできること」をしない言い訳に「コントロールできないこと」を思い浮かべていると自覚したときは、「いっそのこと、流れに身を任せよう」と考え、行動に移すことにしています。

イン・コントロールは〝今・ここで〟決められること

ここまで見てきた事例での「イン・コントロール」には、ある共通点があることがおわかりでしょうか？

それは、どれも**「今、ここで（Here & Now）自分で決められること」**だということ。私たちが変えられるのは過去のことでも、未来のことでもなく、今、この瞬間だけなのです。

ですから、「イン・コントロール集中思考」においては、自分が今悩んでいるのが過去・未来のことなのか、「今、ここで決める・行動する」ことなのかをセルフチェックする癖をつけると、素早く思考を正常に戻すことができるでしょう。

ふと考え込んだときに、ぜひ試してみてください。

コントロール外からイン・コントロールへ

ここまでは「コントロールできない」ことで悩まないための思考法を解説してきました

が、逆の視点として、「コントロールできない」と思い込んでいたことに「イン・コントロール」が潜んでいるケースがビジネスではままあります。決めつけていたことを、さらに因数分解してみると、「今、ここで自分で決められる」アクションプランが残されていた、ということもあるのです。

ここでも具体例で解説してみましょう。

例えば、あなたが企業でマーケティング職に就いていて新商品を開発する仕事をしているとします。この場合の「イン・コントロール」は、普通に考えれば、

- 良い商品を開発するために、関係する部署と協力する
- 調査をして、消費者からフィードバックを得る
- 認知のために広告などの販促活動を展開する
- 営業担当者が商品を理解するための研修を行う

といったところが挙げられます。

これらに全力で取り組んで良い商品が開発され、販促プランもできたとしましょう。いざ商品が販売され、実際に「どれだけ売れるか」は正確に予測できないため「コントロールできない」「考えても仕方がない」ことに分類しがちです。

しかし、「どれだけ売れるか」はわからなくても、まず小規模でテスト販売して反応を見て、販促のメッセージや訴求方法に変更を加えることは可能かもしれません。

また販売直後に営業担当にヒアリングし、加えるべき改善点がないかどうか議論することもできるでしょう。

このように因数分解して**「コントロールできない」にカテゴライズされたことの中にも「イン・コントロール」が残っている**ことは考えられます。起こすべきアクションをすべて起こしてから、「人事を尽くして天命を待つ」境地になりましょう。

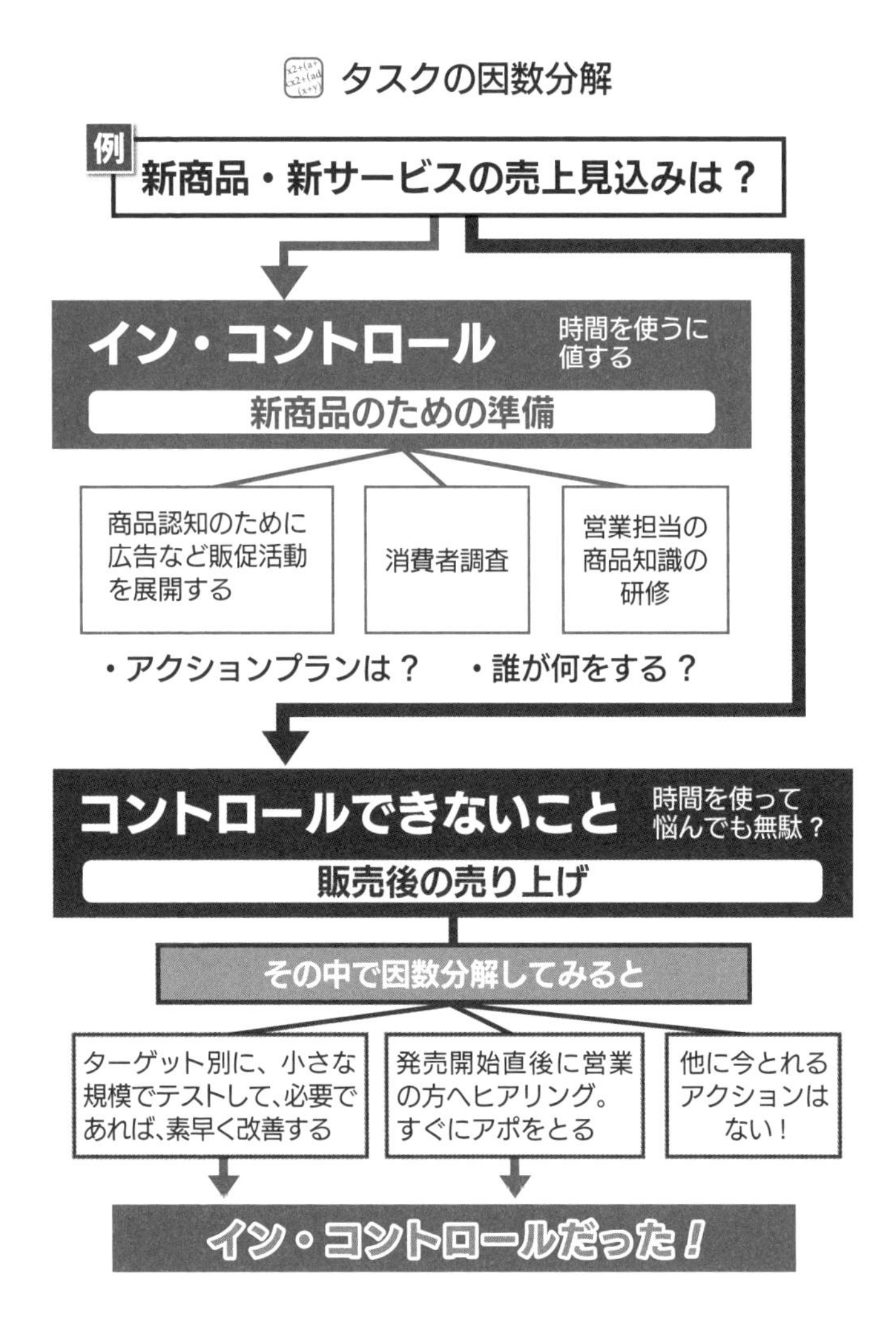
タスクの因数分解
例
新商品・新サービスの売上見込みは？
イン・コントロール
時間を使うに値する
新商品のための準備
商品認知のために広告など販促活動を展開する
消費者調査
営業担当の商品知識の研修
・アクションプランは？
・誰が何をする？
コントロールできないこと
時間を使って悩んでも無駄？
販売後の売り上げ
その中で因数分解してみると
ターゲット別に、小さな規模でテストして、必要であれば、素早く改善する
発売開始直後に営業の方へヒアリング。すぐにアポをとる
他に今とれるアクションはない！
イン・コントロールだった！

選択❸

価値追求マトリクス
あなたの価値を最大化する選択

一度きりの人生の使い方

「なんでもそつなくこなす」ことが理想とされる日本で育ってきた私たちは、仕事でも家庭でも**ジェネラリスト（万能家）**になりがちです。

学生時代はどの教科も平均的に良い点数をとることが良しとされ、終身雇用型の企業では、畑違いの部署をたらい回しにされても、どこでも及第点の仕事をこなすことが求められてきました。

もちろんオールマイティなことは素晴らしいですが、**「ジョブ型雇用」**（企業が用意した職務内容に対して、必要とする能力・経験がある人を雇用する）が進み、専門性が重視さ

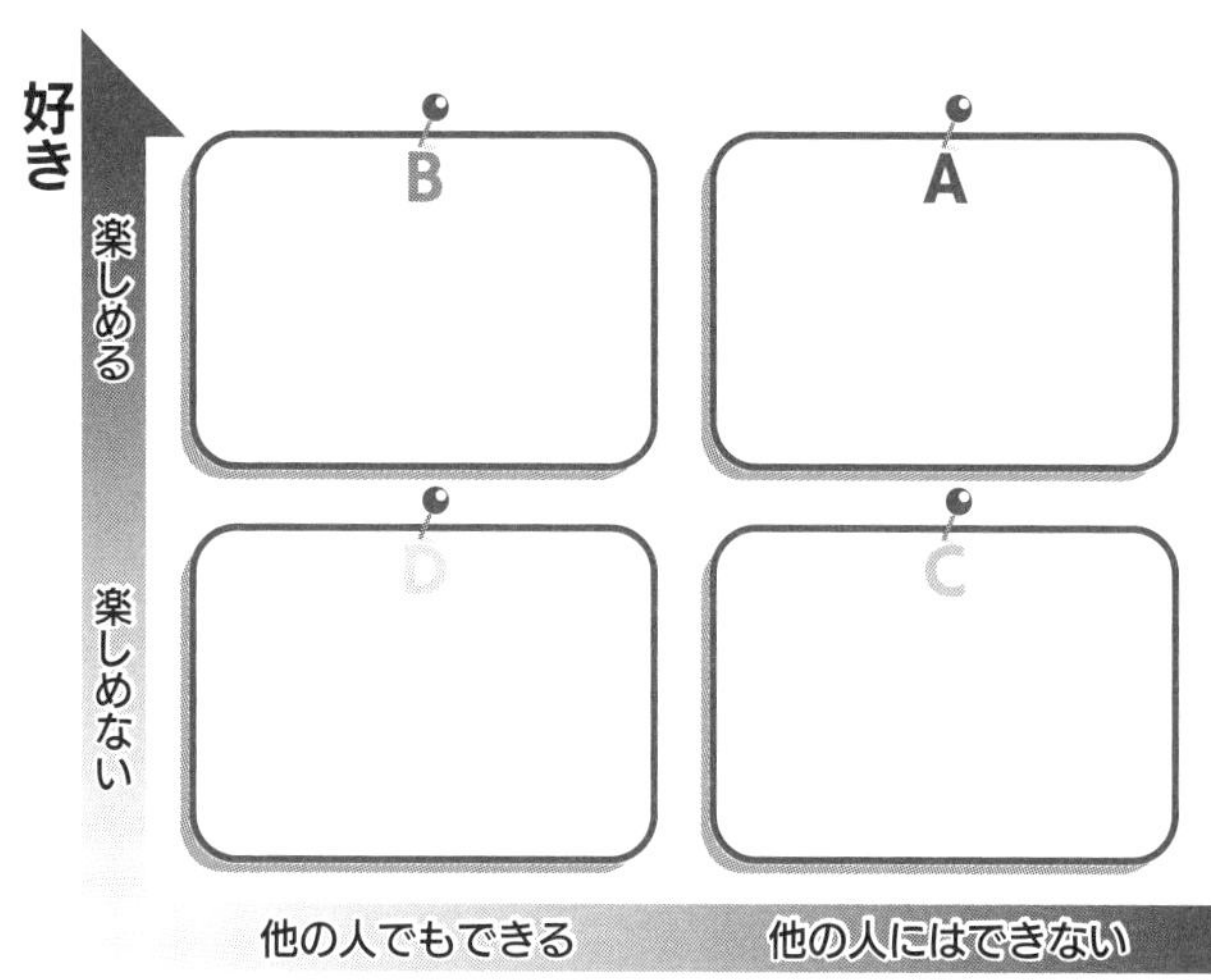

れていく時代にあっては、すべてを完璧にこなす必要はありません。また、夢中になれないことに振り向けている時間もありません。〝最短〟で強みを活かしたキャリアを築き、幸福な人生を送るためには、きっぱりとタスクに**「優先順位」**をつけなければなりません。

ここではその方法として、私がコーチング事業で「時間に悩んでいる」クライアントたちのために考えた**「価値追求マトリクス」**を提案します。

横軸に**「他の人にはできないこと」**と**「他の人でもできること」**。

縦軸には**「楽しめること（好きなこと）」「楽しめないこと」**があります。

こちらを使って、**「あなたの価値を最大化できているか」**、また**「一度きりの人生を楽しむに値するタスクを行っているか」**をチェックします。

どの領域に集中するべきか

どの領域に集中していれば、最短で「仕事もプライベートも充実している」と言い切れる日々を送れるでしょうか。当然「A」ですよね。「私にしかできない」ことを「楽しみながら」やっていたら、どんなに幸せでしょう。

逆に、その領域にとどまっていたら、心身ともに疲弊していくのはどこでしょう。そう、「D」です。「この仕事、私がやる必要ある？　しかも苦手……」と思いながら働いていれば、社会への貢献も自身の成長も実感できず、つまらない毎日になります。

私は**Dを「手放す」**、**Bは「あえてやらない」**、**Cを「任せる」**選択をすることで、Aの領域にフォーカスできると考えています。

と言ってもわかりにくいと思いますので、不肖私を例にして考えてみましょう。

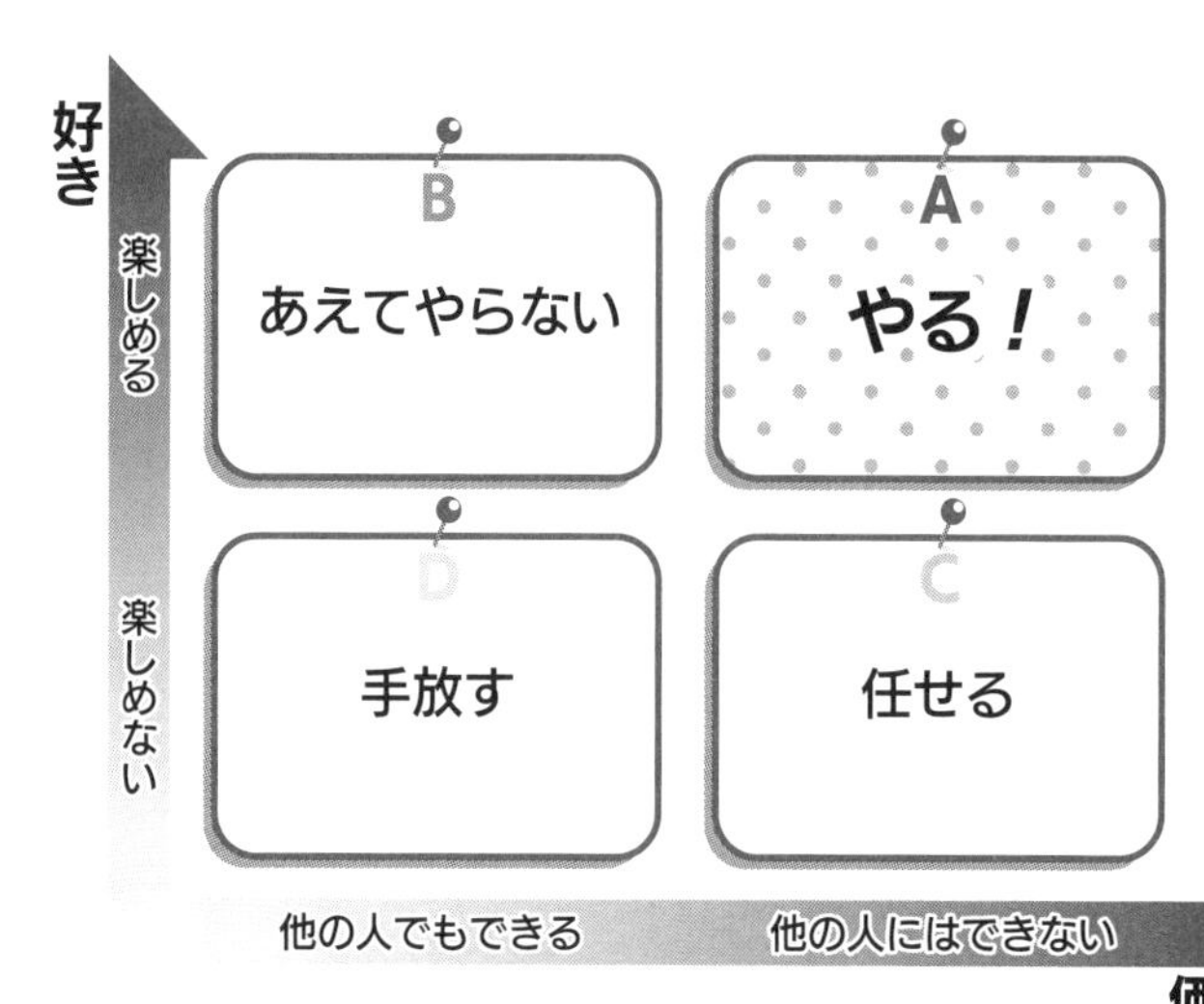

牧野祝子の価値マトリクス

会社員時代、私が最も充実感を覚えたのは、**戦略的なディスカッションやブレスト**に加わって、「ノリコのそのアイデア、面白いね」と評価してもらったり、「自分の努力もあってチームの次のステップが見えたな」と思えたりした瞬間でした。

そして、そういった作業が大好きだったのは、自分が聞いているだけの立場だった新卒1年目のときからでした。

ビジネスにおける課題があって、それをどう解決するのか、チームで話しながら道筋をつけていくプロセスは、**自分の役割がどうで**

あれ、私にとっては一貫して楽しいものだったのです。

だから、現在のコーチングという仕事もAの領域にバッチリ当てはまっています。

どんなに疲れているときでも、1on1やグループコーチングにはやりがいを感じるのです。

「祝子さんに質問してもらって、モヤモヤがなくなりました」

「お話を聞いてもらっている間に、次のステップが明確になりました」

といった声をいただくと、元気が湧いてくる気がします。

2つの領域を減らしていくために

Bの領域のタスクは、**なまじ楽しめているだけに、放っておくと時間を使いがち**です。

会社員時代、他部署と社内の基本的なオペレーションを点検する会議があったのですが、これもやりがいを感じるものでした。ディスカッションで関係性が深まったし、自分の考えていることがちゃんと実践できているのか、その目で確かめることができました。

しかし、冷静になってみると、その会議は私のチームのメンバーもいて、議論も彼らが

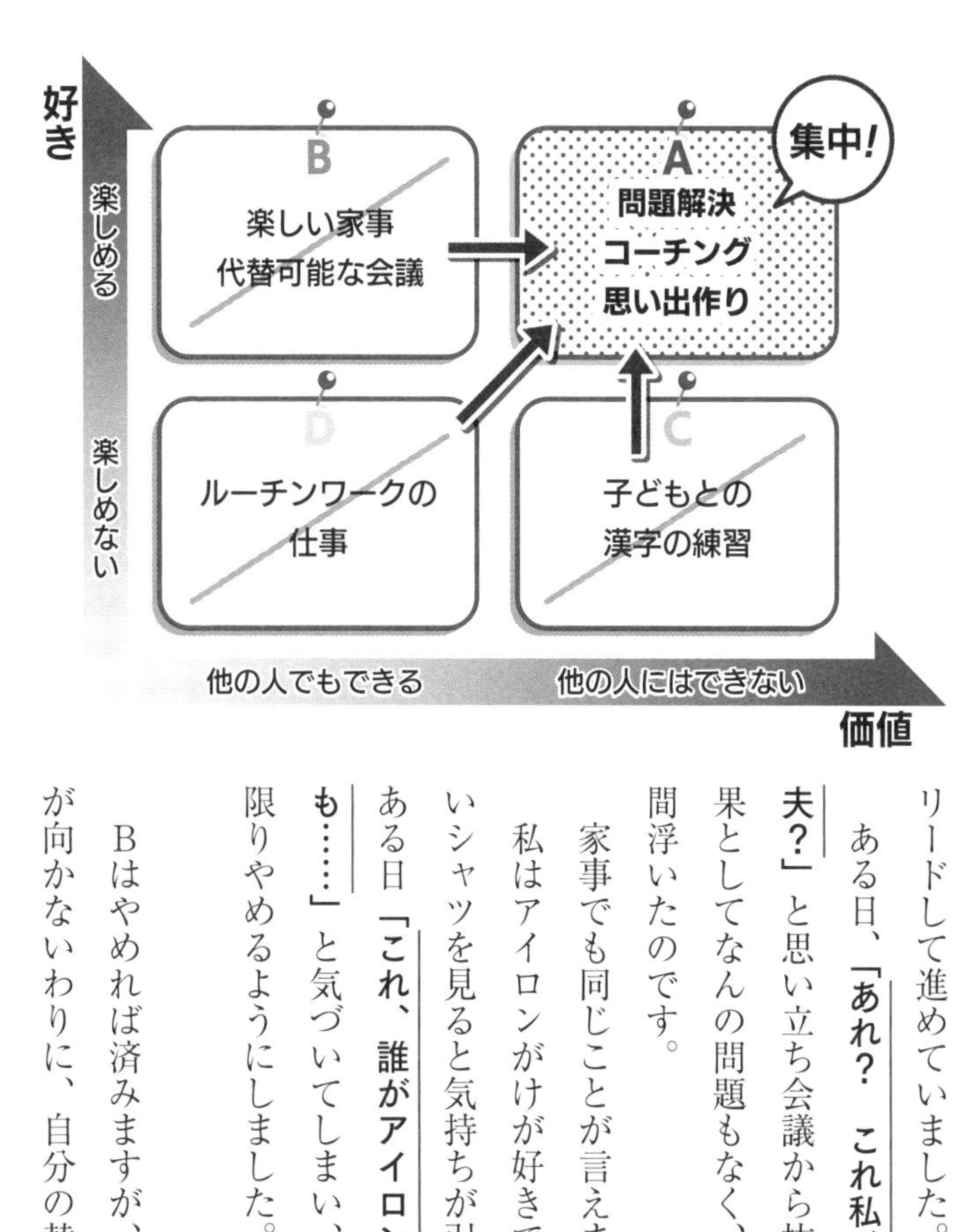

リードして進めていました。

ある日、**「あれ？　これ私、いなくても大丈夫？」**と思い立ち会議から抜けてみると、結果としてなんの問題もなく、私の時間が数時間浮いたのです。

家事でも同じことが言えます。

私はアイロンがけが好きで、シワひとつないシャツを見ると気持ちが引き締まりますが、ある日**「これ、誰がアイロンかけても一緒かも……」**と気づいてしまい、夫に頼まれない限りやめるようにしました。

Bはやめれば済みますが、Cのタスクは気が向かないわりに、自分の替えがきかないという点で、よりやっかいです。

イタリア在住の私は、日本人向けの日本語補習授業校に小学校低学年の息子を通わせていたのですが、彼と一緒に漢字の勉強をするのはこれに当てはまりました。

親の私しか子どもたちの面倒は見れない、と決めつけていたのですが、あるとき息子と気の合う同じ補習授業校の高校生のお兄さんとご縁ができて、家庭教師をお願いできることになりました。

結果、私は自分の時間が増え、息子にはロールモデルとなる素敵なお兄さんとの出会いがあり、一挙両得でした。

マラソンを走り切るための投資

こうした家事や、ときには教育をアウトソースすることには、色々な意見があるかと思います。

最初は私も「手伝ってもらわなくても、ひとりで掃除も洗濯もアイロンがけもできる！」と勢い込んでいたのですが、子育てが始まり、特に障がいのある子どもが生まれてからは、とても体がもちませんでした。

もちろん、アウトソースするからにはお金がかかります。しかし、短期的に費用が発生したとしても、そのタスクがBやCだというのであれば、**それは「投資」と考え外注する**ことをおすすめします。

仕事もプライベートも、**いわばマラソン**です。タスクを詰め込みすぎて「ダッシュ」したあまり、息切れして仕事を辞めてしまったり、ストレスから心の病になってしまったりするケースを何人も見てきました。

人に頼んだそのときは、費用がもったいないと感じるかもしれませんが、長期的に人生を走り切るための投資と考えれば、リターンは大きいと思えるはずです。

この、長期的視野に立った**「投資とリターン」**の考え方は、時間の使い方にも通じることです。私がプライベート、特に家族との時間を過ごす際は**「20年後に思い出すか？」**をひとつの基準に考えています。

それほど大きな「イベント」ではなくても、亡き母と一緒に桜の散る公園で、桜の花びら入りのお好み焼きを食べたことや、緊張してうまくいかなかった子どものお遊戯発表会の光景など、後で鮮明に思い出せる記憶があります。

こうした経験や記憶は、その瞬間もそうですが、何度も思い出すことでいわば**「幸せの配当」**が雪だるま式に増えていきます。

漢字ドリルの宿題の面倒をアウトソースしたと述べましたが、ＢやＣの領域だと思えたとしても、「幸せの配当」につながりそうなプライベートな時間は積極的に時間を投資すべきでしょう。

最悪の領域のなくし方

さて、最後はＤの領域です。

会社員時代、あるプロジェクトを立ち上げて、日常のオペレーションをリードする立場になったときのこと。

部署を立ち上げ、採用も終え、あとは毎日のルーチンを効率的に回すのみです。必然的に、日報・週報などのレポーティングや、他部署との細かいやりとりが多くなりました。毎日胸に去来するのはこんな思い。

「これ、私が20代のときでもできた仕事だな……」

しかも私は細かい作業が苦手で、ケアレスミスを連発して、その度に隣の部署の若いメンバーに怒られます。

「なんで私がこんなこと？」

Dのタスクを毎日こなしていると、こんな独り言が増えていきます。

この領域にあるものは、徹底的に「手放す」のみです。

私は「どうやったら早く終わるか」ではなく、「どうやったら手放せるか」にフォーカスすることで解決しました。やめても組織の誰にも影響がないようなタスクはカットし、残ったものは他の人に頼りました。

その際大切にしたのは、**「タスクを任せられたことによって成長できるような人を選ぶ」**ことでした。不幸な人を再生産するわけにはいかないからです。

もちろん、最初はチェックしなければならないので、自分がやった方が早いのですが、そこは長期的な視点を持って、「手放す」ことを優先させるのです。

選択❹

どのタスクからスタートするか？

ロウ・ハンギング・フルーツ

何から食べる？

「価値追求マトリクス」では、あなたの時間の価値を最大化する方法を紹介しました。

「手放す」「あえてやらない」「任せる」、これらの手段でタスクをスリム化した後は、残った**「本当にやるべきこと」**にどんな順番で取り組むべきでしょうか。

海外10カ国で様々なリーダーに師事してきたなかで、頻繁に登場した考え方があります。

「LOW HANGING FRUIT」

直訳すると**「低いところにぶら下がっている果物」**、これはビジネス用語で**「結果が見えやすい簡単な目標からスタートする」**ことを指します。

リンゴのなっている木を想像してみてください。

太陽を浴びてうんと美味しい最高のリンゴは木の上にあるかもしれませんが、収穫は簡単ではありません。

木に登る途中で落ちるかもしれませんし、たどりついても実は虫に食われていた、なんてこともあるかもしれません。

しかし、最高かは別にして、**手を伸ばせば届くリンゴ**もあります。

難しくて結果が出るかはっきりしない課題からスタートするより、**結果が見えていて簡単なこと**から片付けて、確実に、素早く一定の成果を得ようという考え方です。

リンゴの木には４つの領域

より詳しく説明すると、〝タスクのなるリンゴの木〟には次ページの図のように「難易度」と「価値」の２軸で４つの領域があることがわかるでしょう。

いかに価値が低い、左の２つの領域に手を出さないかが大切です。

左下の落ちてしまったリンゴは**「簡単だがインパクトは少ない」**タスクです。

「今日は目標達成に関わる大切な仕事に集中するぞ！」という意気込みで出社したものの、ちょっとした頼まれ事や雑用が舞い込み、それにかまけていて１日が終わっている――というときはこの領域をウロウロしているということです。

左上は、**「当初は魅力的に思えたが、実は実現困難で価値も低い」**タスクです。

これは、ひとりでは避けるのが簡単ですが、チームで盛り上がったときに陥りがちな領域です。話し合いの場で「そのアイデア、いける！」と高揚し見切り発車したものの、リ

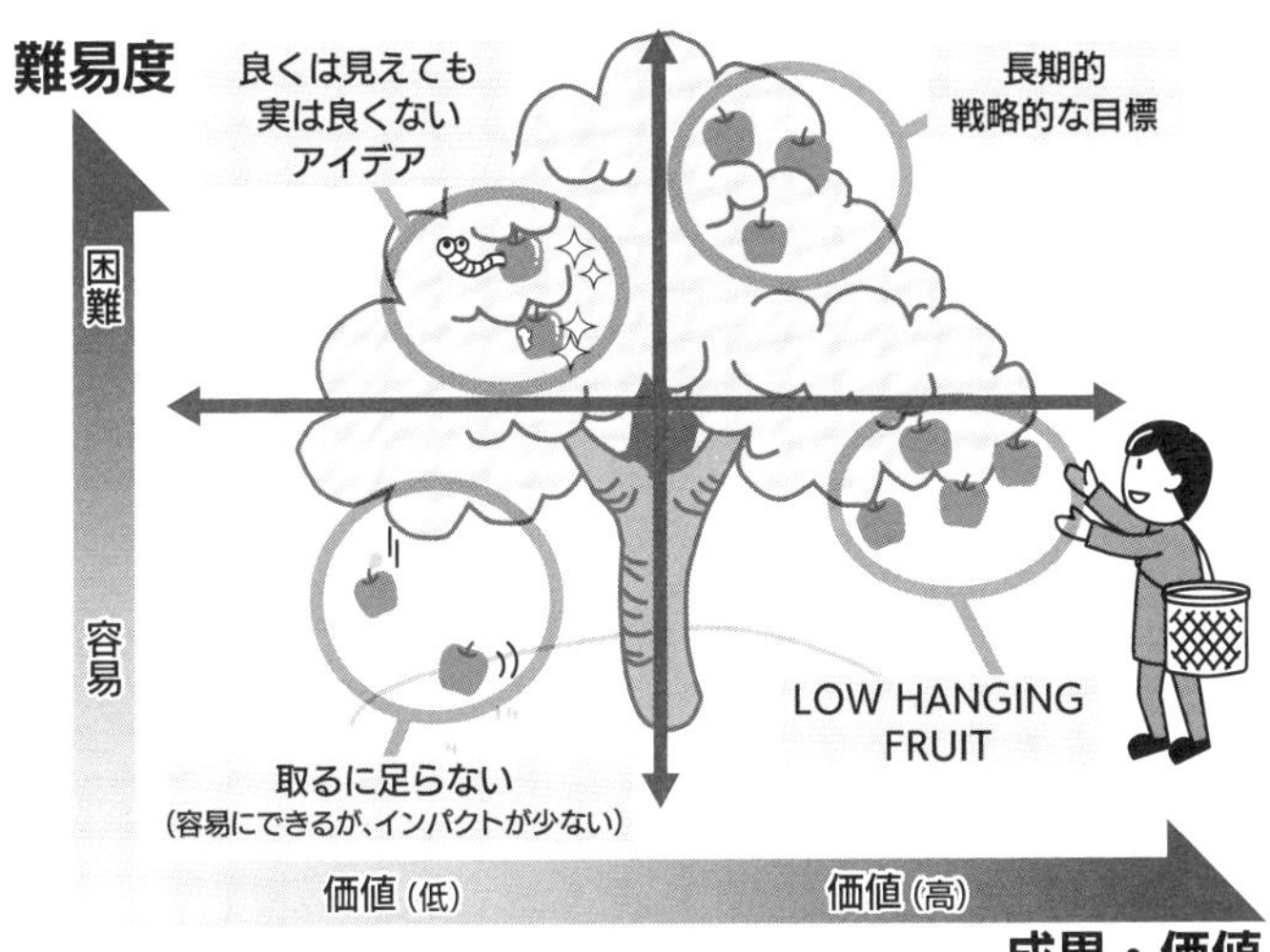

ソースのムダ遣いに過ぎなかったと気づいたときは、すでに手遅れ——というケースです。

右下がさきほどの、手を伸ばしやすく、また価値も高い「Low Hanging Fruit」＝**「簡単で、一定成果を得られる」タスク**です。

ここを見逃さず、しっかりと形にすることで、「Quick Win（迅速な勝利）」へとつなげるのです。後述しますが、これをうまく利用することで自分や組織のモチベーションをアップさせることができます。

もちろん、仕事は手を伸ばすだけで成果が手に入るような、易しいものばかりではありません。

マトリクスの右上は、**「価値も高いがやるのも大変」**なタスク。難易度は高いぶん、価値も大きいと見込めるものですが、こちらは長期的・戦略的に準備をしてから取り組むべきものです。

最初からこちらに取りかかると、「頑張っても頑張っても成果が出ない！」となり、モチベーションが続かなくなります。理想は左上・左下を避けつつ、右下で達成感を得て、右上に取り組みたいところです。

理想的な4領域の管理

ロンドンでマーケティングの仕事をしていたとき、**理想的な4領域の管理**ができる上司と出会いました。

担当するブランドで、翌年にどんなマーケティングを展開するか、ブレストを行っていたときのこと。顧客のトレンド、市場の状況、競合の動き、自社ブランドの成熟度を考えてどういった手を打つのか、チームメンバーが集まってカジュアルに話し合っていました。

若手もベテランもどんどん意見を出していき、数時間後には何十個ものアイデアがホワイトボードに出揃いました。そこで上司は、

「さて、多くのアイデアが出た。この中から、それぞれが良いと思うもの3つに、ポストイットを貼っていこう」

と仕切り、参加メンバー間で投票をしました。

その後に、7~8個にアイデアが絞られると、上司はホワイトボードに縦横2つの軸を引き、4つのスペースに分けたのです。

「では、それを『**顧客への価値**』と『**実践のしやすさ**』から4つの領域に分けてみよう。じゃあ、まずはこのアイデアから！」

アイデアの振り分けが終わると、最後に上司は、こう締めました。

「Let's start from the low hanging fruits. These are Quick Wins. Then, let me secure the resources to tackle the high impact tasks.（最初はLow hanging fruitsから手をつけよう。成果が出やすいから。その間に僕がリソースを確保するから、その後に高価値で難易度の高いものをやろう）」

マネジメントにも役立つlow hanging fruit

部下をマネジメントする立場にいる方は、**部下にタスクを与えるときにも**、この思考法が役に立つはずです。

というのも、部下にタスクを渡すときに「low hanging fruit」を意識することで、短期間で成果をあげさせることが可能となります。その**成功体験へのポジティブ・フィードバック**（74ページ）がしやすくなり、本人やチームのモチベーションアップにつなげられるのです。

すでに関係性が構築され、実力がわかっている部下には、4領域の右上「価値も高いがやるのも大変」なタスクを、長い目で任せることができますが、成長途上にある人には成果の出やすい、なおかつ簡単なタスクを渡し、小さくても結果が出たところでこまめにポジティブ・フィードバックを行うことが望ましいでしょう。

選択❺

価値追求マトリクス

「環境を変える」ことも選択肢のひとつ

花によって咲く環境は違う

最後に、優先順位を語るうえで、避けては通れない話をします。

そもそも、**今の環境が自分の時間を使うべき場所なのか**、ということです。

一見、「時短」という本書のテーマにそぐわないようですが、間違った環境でいくら効率的に行動したところで、自身の目標にはたどりつきませんから、触れないわけにはいきません。

97ページの「価値追求マトリクス」でいえば、**あらゆるタスクがDの領域に振り分けられる**ようなケースです。

植物でいえば、サボテンは砂漠で、睡蓮は池で花を咲かせるように、人間にもひとりひとり、才能を発揮するのにふさわしい場所がある、と私は考えています。

人には、持って生まれた「家族構成」「母国」「故郷」「周りの人たち」といった環境がありますが、大きくなるにつれ、それらを選択することが可能となります。

限られた時間をどんな環境で使うかは、自分を成長させ、豊かな人生を歩むにあたりとても大切なことです。ここでは、その**選択の基準や方法**についてお伝えします。

レールから外れることを恐れない

「レールに乗る」

エスカレーター式の学校や、終身雇用制の会社、自治体など、長いこと同じ組織に属して**「安定して、先が見えている」**生き方のことを、こんな風に表現します。

レール上の列車からは、命がけで飛び降りない限り別の進路へは行けませんから、「安定した生き方からの離脱」が、日本人にとってかなりネガティブに捉えられていることがわかります。

もちろん、海外にもそうした生き方を選ぶ人はいますが、大多数は良くも悪くも**自分で人生の形を創造**しながら、必要に応じて環境を変えていきます。

私が住んでいるイタリアのミラノでは、私立学校はそれほど多くないのですが、子どもたちの言語面の心配もあったので、「手厚く面倒を見てくれそう」と思い、そちらを選びました。

入ってみて驚いたのが、生徒の出入りが頻繁にあることです。皆さんの幼少期を思い出してもらえれば、転校は親の転勤など、よほどの事情があったときに限定されていたはずです。

しかし海外では、カジュアルに子どもの環境を変えるために退学して、違う学校に転入します。**「合わない環境で時間をムダにする必要はない」**ということのようです。

転職についても同じです。

数年に一度のペースで転職しても、それは「ステップアップの手段」と捉えられており、少なくとも日本のように〝転職バッタ〟と揶揄(やゆ)されることはありません。

もちろん、「石の上にも三年」という考え方もありますし、長い時間をかけて研鑽（けんさん）する必要のある技術もあるでしょう。また、レイオフ（一時解雇）のような制度が一般的でないことも、要因のひとつでしょう。

それでも、97ページの「価値追求マトリクス」でDが埋め尽くされるような環境にあっては、積極的に身を置く場所を変え、自分のキャリアを創造することを考えて欲しいと思います。

では、どんな環境を選ぶ？

「If you are the smartest in the room, you are in the wrong room.」

（もしあなたが部屋で〝一番頭が良い〟のであれば、あなたは間違えた部屋にいる）

グローバルリーダーと呼ばれる人たちが、よく引用する言葉です。

周りの人たちを見回して、自分の能力に自信を持てるというのは大切なことですが、それればかりではコンフォートゾーン（心理的な安全領域）で一生を過ごすことになります。

もちろん、そうした環境で安定して生きるというのも選択肢のひとつですが、あなたが少しでも成長を望むのであれば、周りを見回して**自分の能力に「ちょっと自信がない」「ちょっと心配」くらいがちょうど良い**でしょう。

私自身、海外で留学したり転職したりするにあたり、言語だけではなく文化や業界の慣習の勝手がわからず、不安で辛い時期もありましたが、「周りの人たちに追いつかなければならない」環境に置かれていたときは、成長のスピードが違いました。

ではどうすれば、そうした環境を作り上げられるのでしょう。

アメリカで31歳にして億万長者になった起業家ジム・ローンの有名な言葉があります。

「You are the average of the five people you spend the most time with.」
（あなたは、最も一緒に過ごす時間の長い5人の友達の平均になる）

この「ジム・ローンの法則」に従うならば、相手と比べて自分が「ちょっと心配」になるような5人と出会い、同じ時間を過ごすことで成長が促されるはずです。

ただ私は、オンラインで人と人とがつながれるようになった昨今、この5人と**物理的に同じ時間を過ごす必要はない**と考えています。

私が会社員人生を卒業して独立・起業を考えたときも、起業家の知り合いなどまったくいなかったので、まずはそうした方々と触れ合えるオンラインコミュニティに所属して、彼らから情報を得たことで、目標が時短で効率良く叶いました。

また、著書の出版を思い立ったときも、イタリアにいながら日本の出版界での〝私なりのロールモデル〟を5人ほど設定しました。そして同じコミュニティに入ったり、発信している動画を視聴したりして、彼らが出版に至った過程やノウハウを吸収して、あっさり夢を叶えました。もちろん、この5人と物理的に同じ時間を長く過ごせる環境にあるならば、それに越したことはありません。

このように、**自分の理想に近い人たちと意識的につながる環境**を作ることが、達成への一番の近道だというのが、私の経験則です。

環境ウィンドウショッピング

これまで述べてきた方法は、自分の主たる環境を変えずとも実現可能なものですが、もちろん転職など、文字通り心機一転、ガラッと環境を変えるのも選択肢のひとつです。環境を変えるといっても、怖がることはありません。

転職となると大きなハードルに感じる人もいるかもしれませんが、10カ国で働いてきた私からすれば**「ウィンドウショッピング」**みたいなものです。

どういうことかというと、あなたが転職エージェントに登録したり、履歴書を作ったり、面接を受けたりする行為は、ウィンドウショッピングで商品を眺めて回るのと同じです。内定が出て、それにサインするまでは、買い物客があっさりとお店を出ていくように、あなたはいつでも元の環境に戻れるのです。

「やっぱり違うな」と思ったら、何食わぬ顔で元の職場で働けば良いのです。

第3章では繰り返し「何をしないか」を決めるためのテクニックを解説してきましたが、

ここではあえて選ばず〝**両取り**〟を目指してみるわけです。

そして、実際に行動してみると色々と見えてくるものがあります。魅力的に見えていた他社が、実際はイメージとかけ離れていたり、劣悪だと思っていた現在の職場が、案外そうではないとわかったり……。

どんな結果になっても、

「毎日の生活があるから転職なんてできない。この環境で耐えるしかない」

とモヤモヤしているより確実に良い結果を生むはずです。

限られた時間をどの環境で使うか。

一度考えてみていただければと思います。

第4章

STEP 3 DECISION

[決断]

今ある情報で即決する

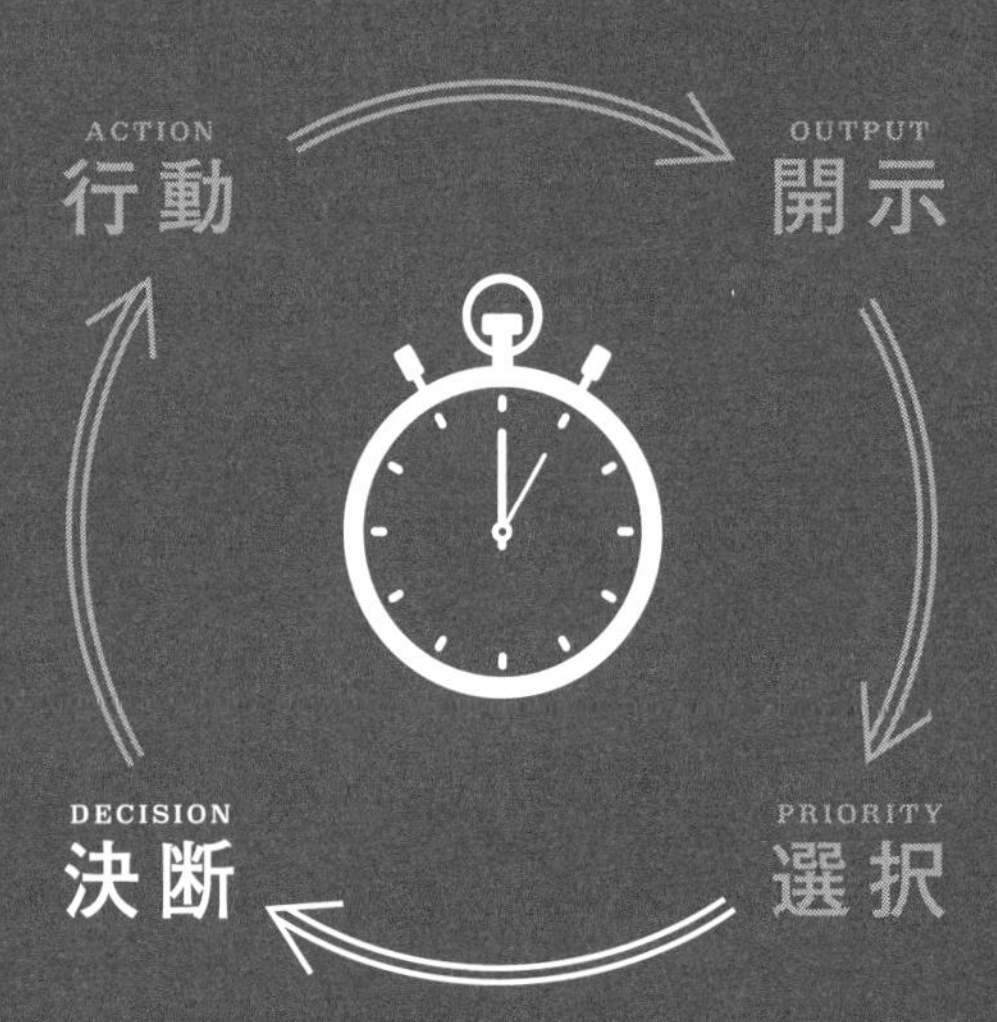

決断❶

リスク織り込み決断術

手元の情報でスピーディーに決める

年々高まる世界の「不確実性」

課題の「開示」、優先順位の「選択」の次は、「決断」です。素早い行動を支えるのは決める力に他なりません。27ページでも触れましたが、「決めないこと」は「課題の先送り」にとどまらず、新たなリスクを生み出すことにつながります。

本章では、**悩む時間を最小限にし、目標に向かって進む**技術を紹介します。

現代は**「VUCA」**の時代と言われています。VUCAとは、変動性（**V**olatility）、不確実性（**U**ncertainty）、複雑性（**C**omplexity）、曖昧性（**A**mbiguity）の頭文字をとった言

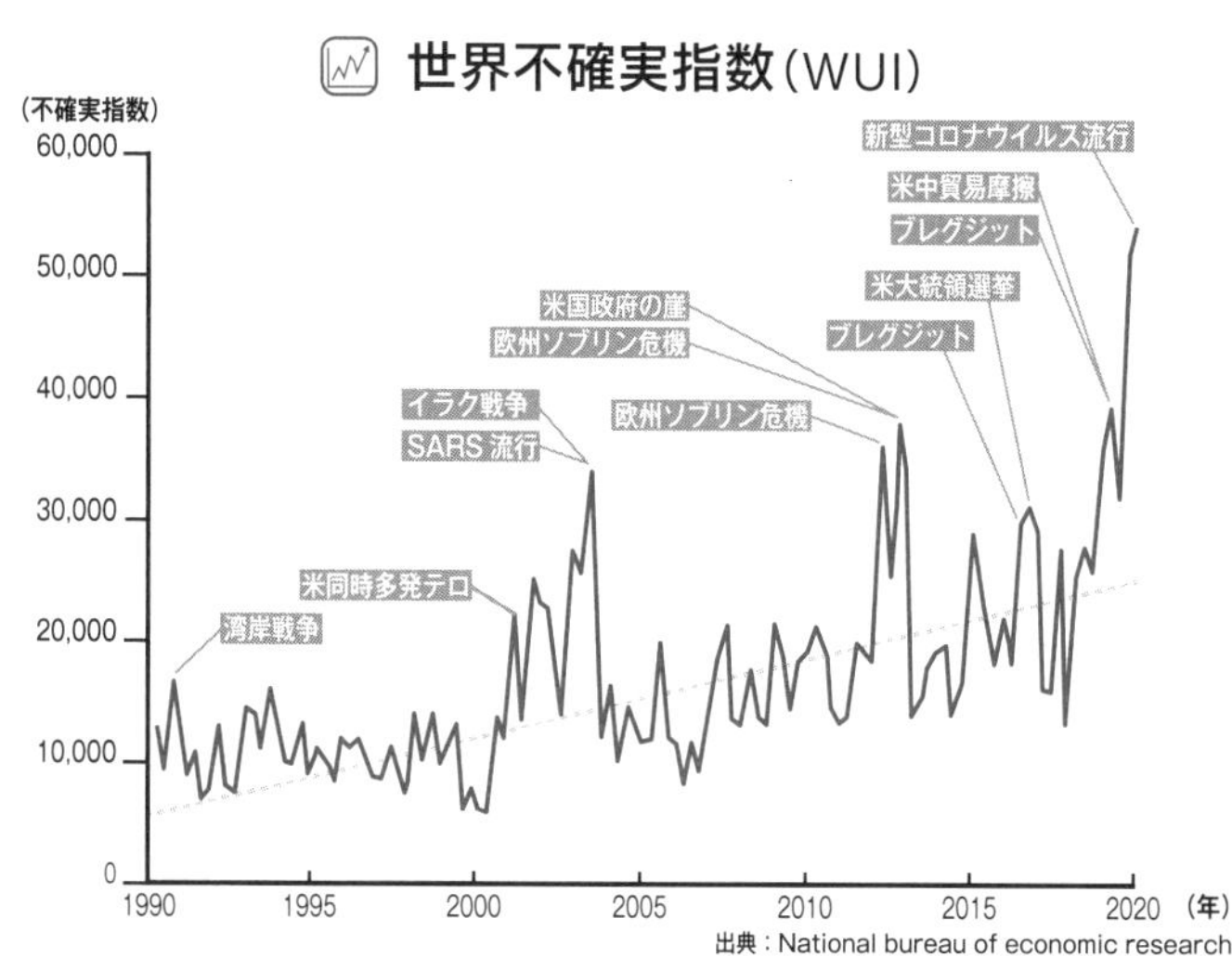

出典：National bureau of economic research

葉で、「先行きが不透明で、将来の予測が困難な状態」のことを指します。

新型コロナウイルスの猛威や、地球温暖化に伴う異常気象や災害は言うに及ばず、働き方においても終身雇用・年功序列制度の衰退で人材の流動性が高まっています。

ビジネスの世界で大成功するのは「Uber」や「Airbnb」など、これまでの産業構造をぶち壊すようなサービスばかりです。

こんな、**どこを見ても不安定な時代で結果を求められている**のが現代のビジネスパーソンなのです。

上に示したのは、世界の「不確実性指数」をグラフにしたものです。1990年からデータをとったものですが、世の中の不安定さが年々増加していることがうかがえます。

「明日のこともわからないのに、決断、決断と言われても……」と言いたくなる気持ちもわかります。

しかも、グラフを見ればわかるように、残念なことにこの傾向は収まるどころか、今後ますます顕著になると考えられています。不安がるばかりでは世の中から取り残されてしまいます。

そんな状況下でも意思決定し、仕事をスピーディーに進めていくために何が必要か、一緒に考えていきましょう。

万全を求めるより「今、ある」情報で

物事を決断するにあたっては、必要な情報をすべて集めてから決めた方が良いに決まっています。しかし、動きの速いビジネスの世界、なおかつ先述したような不安定な時代にあって、万全な量の情報を集め切ってから動くのでは、社内外の競争相手のスピードに負けてしまいます。

つまり、「情報が充分でない」なかで、**どこまでのリスクを織り込んで決断するか**が重要になってきます。

そのメリットとデメリットを考えると、「タイムリーに進められる」「メンバーのモチベーションが高まる」といったメリットと、情報が不充分ななかで決断することによる「リスク」というデメリットを天秤にかけるということになります。

しかしそのリスク、よほど取り返しのつかないことでなければ**「後から修正」**で済むことかもしれません。

海外企業での経験が長い私から見ると、日本のビジネスパーソンは本当に〝きちんと〟していて、あらゆる判断材料を揃えてから検討し、決断しているように見えますが、それほどリスクが大きくないのであれば**「とりあえず」**決めて前に進むことも大切です。

私の経験から、「慎重でゆっくり決める組織」と、「スピーディーに決める組織」との決断までのプロセスと進み方の違いを次ページにまとめてみました。

石橋を叩く企業は、スピード感にかける

提案 → 会議 → 追加の情報収集 → 根回し → 文書の修正 → 会議で決定

決断、実行の早い企業では、同じ時間に学びと改善まで

提案 → 決定 → 実行 → 改善案の提出 → 修正案の決断 → 実行

多くの企業は上のパターンかもしれません。

こちらと、「とりあえず」決めて、走りながら必要に応じて修正を加えていく下のパターンでは**ＰＤＣＡ（計画→実行→評価→修正）の速さ**に大きな差があることがわかります。

取り返しのつくことであれば、手元の情報量に不安はあっても、**まず決めてから修正していく**方が、何度も会議を重ねて「完璧な決断」をするよりも理に適っているのです。

私が上海の企業でお世話になっていたユダヤ系アメリカ人の部長は、部長たちが集まる「チームリーダー会議」で結論が出なかったとき、代表して決断してくれることがたびたびありました。

「君たち。ずっと話していても決まりそうにないから、私の直感、そして独断と偏見で決断するよ？　**私もすべての情報を持っているわけではない**が、今までのみんなの意見を聞いての意思決定なので、つべこべ言わないで、私が今から決める方向性に沿って、協力して進めてくれ。**実際にやってみて問題点は変更していこう**。良いね？」

このように決断のプロセスを言語化したうえで、物事を前に進めてくれました。

彼もまた、「あらゆる情報」の収集を優先するのではなく、「そのときにある情報」をベースに適当なメンバーでディスカッションをし、それでも決まらなければ自らが責任をとって決める、という姿勢を示してくれました。

これは高いレベルの意思決定を任されている人だけではなく、あらゆる立場のビジネスパーソンに大切にして欲しいことです。決めるのがチーム・組織の方針なのか、個人のそれなのかという違いだけです。

決断するのに足りない情報にフォーカスするのではなく、今揃っている情報に着目し、**「決断時点でのベストを尽くす」**。覚えておいてください。

決断❷

不安とサヨナラ決断術

思い込みとリスクを切り分ける

それって、本当にリスクですか?

決断ができない理由として、「自分がリスクをとるのが嫌だし、その責任を考えると不安を感じて決められない」というものがあります。

しかし、そのリスク、**果たして現実に起こりうる**ものなのでしょうか?
もしかすると、あなたやチームの「思い込み」かもしれません。

16世紀ルネサンス期を代表するフランスの哲学者、ミシェル・ド・モンテーニュはこんな言葉を残しています。

「My life has been full of terrible misfortunes, most of which never happened.」
（私の人生は、最終的には実際に起こらなかった「恐ろしい不幸」で満たされていた）

私たちは、現実には存在しない「不安」や「恐れ」に影響を受けます。そのために行動ができなくなったり、「決断をしない」という〝決断〟をしたりして、数カ月後に振り返ってみると**「あれは何だったのだろう……」**と馬鹿馬鹿しくなることもしばしばです。

これらは他人事であれば客観的になれますが、当事者になると視野が狭くなって、リスクの実像が見えていないことが多いのです。

「不安の霧」を晴らす思考法

国際エグゼクティブコーチという仕事をしていると、このような、いわば「不安の霧」にとらわれてしまった方の相談を多く受けます。

・転職を迷っている32歳のHさん

転職活動をしようか迷っています。

今いる会社は業績が安定しているし、人間関係も悪くない。残業も大したことはないが、挑戦している感じがなく、やりがいがない。もう少し自分を成長させる環境があるように思います。

とはいえ、ベンチャー企業などに転職して、忙しくなり過ぎてプライベートが疎か(おろそ)になるのも嫌です。給与面も将来的にどうなるかわからず、将来設計や経済面でリスクとなると思うと、行動を起こせません……。

果たして、Hさんが転職活動をすることはリスキーなのでしょうか?

俯瞰(ふかん)して考えてみましょう。

このような「不安の霧」に包まれている人は、**複合的な思い込み**をしていることが多いです。Hさんの場合は次のようなものです。

・今いる会社以外は安定していないに違いない
・成長できて、挑戦できる会社は目が回るほど忙しいに違いない
・転職したら、給与が下がるに違いない
・「転職活動をスタートする＝今の会社を辞める」ということだ

このような方には、119ページでも紹介しましたが、ウィンドウショッピングのつもりで、他の会社の雰囲気や自分の市場価値を知るために**「とりあえず」**転職活動をスタートすることをおすすめします。

まず「転職活動をスタートする＝今の会社を辞める」という思い込みを取り去って、他社に応募してみれば、他の思い込みも解消されます。他社の人と会い、オフィスを見て回れば、客観的な自社の立ち位置、忙しさ、給与額が何となく見えてくるからです。

その結果として、「結局今の会社が一番！」と思えれば、**それはそれで素晴らしい**こと。他社と縁を感じたなら、そのときに真剣に考え始めれば良いのです。

このように、悲観的なシナリオや将来への不安にとらわれていると、どこまでがノーリ

スクで、どこからがリスクがある行動なのか、わからなくなってしまいます。

先述のように不安を箇条書きにして因数分解すれば、次の行動への決断ができるでしょう。

「何もしない」リスクを直視する

マネージャー職に就いている人からは、こんな相談を多く受けます。

> **・管理職の在り方に悩む45歳のSさん**
> いちプレイヤーだったときにはスピーディーに動けたのに、上司の立場となって、決断を求められるようになってからは、とたんに動けなくなってしまった。下手な意思決定をしてチームを路頭に迷わせたくない、という思いがある。

Sさんの気持ちはわかりますが、客観的に考えると、個人事業主でない限り、**ひとりの上司の意思決定で社員が路頭に迷うことはまずない**でしょうし、組織が集団で動いている限り、それほどインパクトのある経営的な決断がひとりに委ねられることは皆無でしょう。
Hさんと同じように、一度不安を書き出し、俯瞰してみて、第三者の視点で意思決定のリスクの及ぶ範囲を再検討するべきです。

それとは別に、Sさんには27ページでも触れた「決断をしないこと」それ自体のリスクも考えていただきたいです。マネージャーが決断しないことには、チームのメンバーたちは「決めて、やってみて、失敗から学び、修正して結果までつなげる」という経験ができず、将来の「決断できない人」の再生産につながりかねません。

オラクルの創業者、ラリー・エリソンはこんな言葉を残しています。

「この世界では、何もしないことが一番大きなリスクになる」

不安からリスクを過大評価して、必要以上に慎重になってしまうと動けなくなってしまい、あなたにも周りのメンバーにも悪影響となります。不安な自分を感じたら、そこに思い込みが潜んでいないか、俯瞰した視点から洗い直しましょう。

決断❸

上司の即決を導く持ちかけ方

YES／NO提案術

部下が上司の「決断」を早める

「私にはまだ役職もないし、自分で決断できることといったら限られている。結局は上司が決めてくれるのを待つしかないし」

そう思われた方、**大間違い**です。

あなた次第で、いくらでも上司の決断スピードに影響を及ぼすことができます。

私のコーチングのクライアントのAさんは、数年の国内企業での経験を経て、外資系企業に中途入社して3カ月目。業界は未経験で、自分がどこまで貢献できるか自信を持てず

に過ごしていたある日、会社内にこんな課題があることに気づきました。

「現在メインとなっている取引先・C社との関係性に問題がある。ここを改善できたら業務全体がもっとスムーズになるのに……」

よくよく話を聞いてみると、このC社には社内の複数の部署が関わっており、それぞれの担当者で同社に求めるスコープ（作業領域）や期待値にズレがあるようです。担当者ごとに求めてくることが違うから、先方との関係が悪化しているわけです。

Aさんは改善策を協議すべく、1on1の場で上司に**「どうしたら良いと思われますか？」**と相談をしましたが、その場では何も決まりませんでした。

実はAさんの直接の上司のポジションは空いており、暫定的にその上の部長が上司となっているそうで、忙しそうな部長をどう動かせば良いかわからず、途方にくれているとのことです。

あなただったらこんな場合、どうしますか？

上司には「オープン・クエスチョン」ではなく「YES／NO」で判断を

「YES」か「NO」かにもっていく

まず、ただでさえ忙しい上司に「どうしたら良いと思われますか？」と**「オープンクエスチョン」型**の相談をするのは悪手です。

「ちょっと時間をもらえるかな」と先延ばしにされるのが目に見えています。

相談する段階で、**「YES」か「NO」**で答えられる形にして持っていけば、上司も決断する気になってくれます。

私が、「ところでAさんはどうしたら良いと思っているの？」と聞くと、「C社と関わりのある部署のメンバーと一度話したうえで、先方と今後の関わり方について決められれば」

と、プランをちゃんと考えていました。

そこで、さっそく「YES」「NO」型の提案をしてもらうことにしました。

「C社との関係性改善策について、関連部署と会議をしたいです。アジェンダはこちらで、会議に呼ぶメンバーはこちらです。このように進めたいと思いますが、どうでしょう？」

今度は無事に、「YES」の許可をもらったとのことです。

もちろん、決断を求めるわけですから、**相応の材料**は用意しましょう。事業によりますが、現場の声や顧客満足度、営業担当と取引先の関係性、収益性などの観点を事前に揃えたうえで提案すれば、より快く「YES」「NO」をくれるでしょう。

私が海外の企業にいた頃も、上司との1on1では必要事項をわかりやすい1枚のメモにまとめて「YES」「NO」型の提案を心がけていました。

ときには、遠方の上司にメールで「Please Approve: ○○」（○○について承認してください）という題名でまとめて送り、1時間後には「OK. Please proceed」（わかった。進めてください）と返事をもらったこともありました。

決断❹

グローバル巻き込み術

壁打ちが超速の意思決定を呼び寄せる

「即決時短企業」と「決断苦手企業」の違い

これまで、私自身のグローバル企業での経験を多く紹介してきましたが、東京で仕事をしていたときには日系企業、それも限りなく伝統的な日本企業で働いたこともありました。小さなファミリー企業に籍を置いていたこともあります。

これらに加え、戦略コンサルティング会社にいたときや、現在の企業研修のクライアントなどで多くの企業の働き方・プロジェクトの進め方を見てきて、「決断の得意な企業」と、「苦手な企業」を分けるポイントがわかってきました。

すぐに決断が行われる**「即決時短企業」**では、「誰が・いつ・何を」決めるかがあらかじめ決まっていて、そのための準備がしっかりされています。

逆に、**「決断苦手企業」**では、決定者が誰か、またいつ決断されるのかが不明確で、そのための準備もしっかりされていません。

ここからは「即決時短企業」で行われている〝決めるための準備〟を見ていきましょう。

周りを巻き込んで準備する大切さ

私は海外で働き始めるまで、いわゆるグローバル企業と呼ばれるような会社は、協調性のない一匹狼たちがめいめい自分で意思決定し、どんどんプロジェクトを進めていくのだとばかり思っていました。

ところが、中に入ってみて驚きました。

「個人主義」で働いていると思っていた外国人たちは、**一見ひとりで意思決定しているように見えても、そのプロセスでは多くの人の力を借りていた**のです。

決断にあたっては絶妙に周りを巻き込み、相手の意見を聞いて、違う視点から物事を見る機会を作ることによって、自分が決めるときの「材料集め」と「頭の整理」を行っていました。

こうしたいわゆる〝**壁打ち**〟によって、自分の決断に根拠が生まれ、それを発表するとき、進行するときにも自信を持つことができます。

ロジックをもらい想いを強化

壁打ちの意義を仕事以外の事例で考えてみましょう。

私は市場調査（と称した趣味？）としてのショッピングが大好きです。よく知られている話として、人は何かを欲しいと思うときは、まず**「欲しい！」**と感情的に反応してから、**「ロジカルな裏付け」**を考えるそうです。

例えば、あなたが新しいスニーカーを買おうか迷っているとしましょう。

「ちょっと高いけど、格好良いし、欲しいな……」と思ったとします。

この感情的な反応に追加して、あなたはロジカルな裏付けをしていきます。

・運動不足な自分だが、スニーカーを履けば、運動習慣がついて痩せるかもしれない
・機能性、耐久性も良いし、長く履けそうだ
・運動のときだけでなく、週末のお出かけにも使えるかも

ひとりで考えていると、ロジカルな理由はいくつか出てくる程度ですが、それを運動好きな友人に話してみるとどうでしょうか。

・オリンピック選手がそのスニーカーのアドバイザーらしくて、試合でも履いたらしい
・実は自分も愛用していて、履き始めてから膝の痛みがなくなったよ

自分より詳しい友人の話を聞いて、ますますスニーカーが欲しくなるかもしれません。もしくは、「そもそも君は、これほど値の張るスニーカーにどんな機能があれば、投資に見合うと思う？」など、**質問**をしてくれるかもしれません。

すると、あなたは新たな理由を考えつきます。

・自分は数を揃えるより、数点の良いものを大切にするタイプだから数年は使いたい
・カジュアルなシーンではジーンズを履くことが多いから、それに合うといいな
・週末に食事に行くときにも使えるデザイン性があるといいな

こうした壁打ちで得られた「追加材料」は、あなたの「欲しい！」という**エモーショナルな想い**を強化し、また**ロジカルな買う理由**も増やしてくれます。

そして、いざ「これ、高いけど、買おうと思って……」と、あなたのパートナーにお話しするときには自信を持って「これは自分にどうしても必要なものなんだ！」とプレゼンテーションができることでしょう（笑）。

悩む時間を時短する

壁打ちで得られる追加材料は、ポジティブなものでなくても構いません。

「あ、そのスニーカー、すごい広告費を投下しているから良さそうに見えるけど、僕の友

人が買ったら、期待したほどの性能じゃなかったと言っていたよ」

こうした意見を聞けば、「迷っていたけど、高いし買うのはやめようか。もしくはもう少し他のメーカーとも比べてみよう」といった新たな視点を獲得できます。

いずれにせよ、第三者との意見の壁打ちは、自分ひとりで「うーん、どうしようかな？」と迷うのと比べれば、**時短に迷いを解決できる**とおわかりいただけたかと思います。

決断するのは、あくまでもあなた。そこに達するまでのプロセスで周りを巻き込むことが大事なのです。

では続いて、私が見てきたグローバル企業での巻き込み術を具体的に紹介していきましょう。

決断❺

根回しこそ究極の時短法だった

正しい意思決定のプロセス

「日本企業は『人の和』を大切にして、意思決定までに他の人の意見を聞いて根回しする」

「グローバル企業はシステマティックで人と人とのつながりは薄く、意思決定は会議だけ」

そんなイメージを持っていた私は、海外の企業で働いて驚きました。

グローバルな企業ほど、**意思決定の前に入念な準備と根回し**を行っていたのです。

ここではそのプロセスを見て得た気づきをお伝えします。


例えば来週、ある企業で社長と部長3人（Aさん・Bさん・Cさん）、つまり意思決定者が集まる定例会議があるとします（実際はもっと人数が多いですが簡略化します）。

その際のアジェンダのひとつが、「A部長が進めているプロジェクトに、会社として投資するか」の決定です。

このプロセスを、いくつかのステップに分けて、「即決時短企業」と「決断苦手企業」との違いを例に見ていきましょう。まずは**「即決時短企業」**です。

【ステップ1】関係者への根回し・意見のアウトプット&フィードバック

来週の定例会議に向けて、何とかプロジェクトを通したいと思っているAさん。

Bさんはどうやら反対の立場のようなので、中立的なCさんに壁打ちを頼みます。

その際に役立つのが、プロジェクトを実施することで生まれるメリットとデメリットをまとめた1ページ資料（「1pager」と言ったりします）です。

これを持って、AさんはCさんとお茶を飲みながらカジュアルに話します。

「こんな理由で、当プロジェクトは絶対に会社にとって良いと思うんだ。顧客にもメリットがあるし、社内の要望でもあるんだ」

Cさんは A さんの話を聞いて、あれこれ意見を言ったり質問をしたり。
Aさんはそれを参考に、チーム内でも壁打ちし1ページ資料をアップデートします。
Bさんは Bさんで社内で意見交換し考えを深めているようです。

前項のスニーカーの例のように、Aさんは C さんと話すことによって自分の想いが強まったり、新たな気づきがあったりするでしょう。Cさんも会議でいきなりこの件について聞くのではなく、事前に話があることで**自分の意見を整理する時間**が生まれます。

【ステップ2】会議でのディスカッションと決断

さて、いよいよ社長を交えた会議が行われます。形だけの「シャンシャン会議」ではなく、議題がどう進み何が決断されるか、始まるまでは誰もわかりません。

Aさんは満を持してプロジェクト進行の是非をアジェンダに出します。壁打ちで想いを強くし、新たな気づきを得たAさんは、アップデートした1ページ資料をあらかじめ会議の参加者たちに送っていました。

「ご覧いただいたようなこれらの理由で、このプロジェクトを進めたいと思います」

すでに根回しを受けて、賛成の立場になったCさんは肯定的な意見を述べるでしょう。反対意見を持っているBさんは、自身で深めた反対意見を述べます。

最終的な意思決定は社長に委ねられました。

「1ページ資料を読み、Cさん、Bさんの意見を聞いたうえで、私はAさんに同意する。ただ、投資額が多いから、一歩ずつ進めて、毎回この会議で報告し話し合おう。ただ、スタートすることは決定したから、進めてくれ」


無事に社長からGOサインをもらうことに成功しました。

もちろん、「投資のレベルが大きいことだし、もう少し時間が必要だ。私とAさん、Bさんと、プロジェクトに最も深く関係する部署の責任者で、もう一度今週中に30分集まって決断しよう」と社長が再提案することもあるかもしれません。

また、「Aさんに完全に同意するよ。この1ページ資料にも納得したし、裏付けの数字も問題ない。あとは任せたよ。何かあったら、いつでも相談してくれ」と一任されてしまう可能性もあります。

反対していたBさんについては、「反対していたけど、Aさんの資料を見て、話を聞いてみたら良いかもしれないと思えてきた」となる可能性もあるでしょうし、「まだ納得したわけじゃないけど、みんなで話し合った結果、社長が決めたことだから仕方ない」と飲み込んで一緒に進む道もあるでしょう。

いずれにしても**「会議の時間をオーバーして話してみたけど、何も決まらなかったね。また持ち帰って次回話そうか」**とはならず、何らかの形で前に進むのがこのタイプの企業です。

【ステップ3】改善のためのPDCA

無事にプロジェクトを任されたAさん。

プロジェクトを進めてみると、想定通りの部分と想定外の部分が出てきました。

取り決め通り、定例会議で進捗について報告し、改善しながら進めていきます。

「○○は思っていたように計画通りで、□□は、想定外でした。したがって、予定を修正して進めます。関係部署に今後、一層のご協力をお願いしたい」

こうした正しいプロセスを多くのプロジェクトで繰り返している企業は、チームとしてお互いの考え方・働き方への理解が深まり、個人的な仲の良さ・相性は別として**「組織として前に進んでいく」**ことに慣れていきます。

また、至るところで活躍していた1ページ資料は、**Aさんのチームが作っていた**ことも見逃せません。自分の準備した資料が使われ、それに対して決断がなされ、組織が動いていくわけですから、次世代の彼らのモチベーションも高く保たれています。

決断苦手企業の意思決定プロセス

続いては、**「決断苦手企業」**の意思決定プロセスを、さきほどと同じ設定・登場人物で見てみましょう。

【ステップ1】関係者の根回し・意見のアウトプット&フィードバック

定例会議まであと1週間に迫っていますが、こちらのAさんは誰に相談することもありません。ひとりで「次の会議で発表か……反対されたらどうしよう」と悩んでいます。反対のBさん、中立のCさん、そして社長も会議まで概要がわからないので、それぞれで勝手に想像して悩んでいます。

会議で初めて説明を受けるということは、**その場で1から**そのプロジェクトについて考えなければなりません。賛成・反対以前にそれぞれが正しい理解をできるのかが心配です。

【ステップ2】会議でのディスカッションと決断

会議の日となりAさんはプロジェクトについて発表するも、他の人の意見を反映した資料はありません。「想い」も「根拠」も乏しいので聞き手のリアクションも薄く、話している当人も不安になってきました。

Cさんは本来なら賛成ですが、自分の考えを整理するのに精一杯で、賛成意見をアウトプットする余裕はありません。違う意見を持っているBさんは、それを表明するための準備を頭の中で始めており、Aさんの言っていることは半分も理解できない様子です。

こんな状態で会議をしても、時間内にまとまるわけもなく、**「結論は次の会議に持ち越し」**となるのが目に見えています。

決断者がはっきりしていれば、次のステップや方向性を決められるかもしれませんが、このような組織は決断者が決まっていなかったり「関係者全員の合意」が必要だったりするので、この場で何かが決まることはないでしょう。

恐ろしいのは、果たして次の会議では、決めるための準備がAさんその他によってなされるのかどうかです。決断者が複数いて、意見が食い違ってしまえば次の会議でも決まらないかもしれません。

そして、あなたがAさんのチームのメンバーだったら、どう思うでしょうか？

上司が何か提案しているようだが、いつまでも決まらない。次の会議で決まるかと思ったら、また先延ばし……。自分の頑張りが意思決定に関与するわけでもなく、まるでモヤに包まれたような状態で仕事をすることになってしまいます。

根回しこそ究極の時短

「根回し」というと、いかにも前時代的で、余計な時間をとられるようなイメージがあるかもしれません。

しかし、このように意思決定までのプロセスを整え、決断した後に気持ち良く組織として行動できること、そしてそれにメンバーが関わることの影響などを考えると「即決時短企業」の方が圧倒的に結果につながるに決まっています。

あなたの企業、もしくはチームはどちらのタイプでしょうか？

もしあなたが、**「ひとりで悩む」方のAさん**だったなら、周りを巻き込む決断の時短にトライしてみませんか？

実は「根回し」がスピードを生む

即決グローバル企業

決断者、関係者は周りの人から意見を収集
（アウトプット＆フィードバック「根回し」）

決断のためのディスカッション
（ポイントだけ話す）
ときには「熱く」なることも！

決断者が明確
「皆さん、意見をありがとう。
反映させてこれで進めます」

とりあえずこれでスタート
必要に応じて相談＆アジャスト

決断苦手企業

みんながひとりで悩む

決断のためのディスカッション
（長時間かけて、様々な意見を出し合う）

明らかにみんなが同じ意見でないと
誰も「自分で決める」立場に身をおかない

「また今日も決まらなかった。また話そう」
（の繰り返し）

決断❻

サンクコスト時短術

過去ではなく未来について決断する

「やめる」ことを決める

「決断」というと、新たなスタートを切るイメージがありますが、**同時に今までやっていたことを「やめる」**という意味も含まれます。

98ページで、自分にとって不要なタスクを「やめる・任せる」ことの大切さについてお伝えしましたが、その局面でも「決断」が求められます。

私たちは、やるべきことを追加してタスクを増やしてばかりいると、時短どころか、24時間には収まらずパンクしてしまうからです。

「思えば、あれをもっと早くやめておけば良かった。時間のムダだったな」

振り返ってみて、後悔したことのある方は多いことでしょう。

私は数年前に大きな失敗をしました。

国際エグゼクティブコーチとして起業した直後、見込み客をどう集客しようかと、慣れないデジタルツールを使い始めたときのこと。

instagram、LINE、Twitter……と数あるサービスを前に迷っているなか、知り合いの紹介でとある会社のツールを試してみることになりました。さっそく、使い方を学ぶオンラインスクールにも入学。あまりワクワクしないものの、**せっかく申し込んだので**ツールを学ぶことに時間とお金を投資しました。

数カ月経ちましたが、デジタル音痴の私にはひとりで使いこなせず、毎月数万円のコストをかけてサポートの方を入れることにしました。

さらに半年後、結果につながらないのでやめようか迷ったものの、**「もう少し続ければ結果につながるかも……」**とグズグズしてしまい、結局、つごう1年以上経ってようやくツールの活用を「やめる」ことにしました。

ツールとそのサポートの方に支払ったお金はもちろんのこと、ワクワクしないなか、しぶしぶ授業まで受けた時間とエネルギー。今、振り返ってみると、「もっと早くやめておけば、他のことに時間が使えたのに！」と悔しくなります。

あなたにも、仕事やプライベートでこんな経験がありませんか？

人気のラーメン屋さんの行列に加わったものの、あまりお腹が空いていなかったことに気づく。しかし、「すでに30分は並んだから……」と、我慢して順番を待ったもののそこまでの美味しさとサービスではなく、後悔してしまった。

インターネットでほうぼう探して、数時間かけてやっと購入できたサッカーの観戦チケット。試合当日、なんだか熱っぽく外は寒風が吹きすさんでいる。屋外での観戦に躊躇（ちゅうちょ）したものの、「あれほど苦労して手に入れた人気カードのチケットだし……」と出かけたが、結局ひいきのチームは敗戦して、翌日は発熱してしまった。

最初の打ち合わせから「ちょっと違うかな」と思っていた取引先。それでも上司からの紹介で断り切れず、途中で何度も変えてもらおうかと思ったのに、ずるずると時間が過ぎ、結局結果は伴わず、当の上司からもお叱りを受ける羽目に。

私にも思い当たる節がたくさんあります。こんなときに役に立つのが、これから紹介する**「サンクコスト時短術」**です。スパッと「やめる」決断をサポートしてくれるのです。

世界のトップMBAで学んだコンセプト

私が「サンクコスト」という考え方を知ったのは、INSEAD（欧州経営大学院）のMBAスクールで学んでいたときでした。

「サンク（SUNK）」は「沈んだ」、「コスト（COST）」は「費用」。

つまり、**「すでに支払ってしまい、取り返すことのできない埋没費用」**のことです。

本来、ビジネスにおける決断材料に、「取り返すことのできない埋没費用」を計算に入れるべきではありません。成功の可能性と埋没費用の多寡（たか）は何の関係もないからです。

ただ、私たちには、これまで見てきたような「あれだけ費用（時間やお金、エネルギー）を投資したのにもったいない！」という感情が働き、サンクコストを無視できません。

その心理の裏には、人間が持っている**「認知バイアス」**が関係しています。

認知バイアスとは「過去の経験や思い込みに影響され、一貫性・合理性にかけた決断をしてしまう心理傾向」のことです。

さらに、そのひとつに**「損失回避バイアス」**があります。「将来の報酬よりも、現在の損失の方を大きく評価する心理傾向」です。人によっては**報酬よりも損失を2倍以上も大きく見ている**そうです。

決断はゼロベースで！

つまり、頭の中に、「ここで引き返したら、ここまでの費用がもったいない……」という思考が浮かんだら、それは**危険信号**ということです。

将来の「まだ見ぬ報酬」よりも「ここでやめる損失」に引っ張られやすいのが人間なの

「損失回避バイアス」に要注意

ですが、この「サンクコスト」という考えを覚えておいてもらうことで、**ゼロベースでの決断**に備えてもらいたいと思います。

さきほどのサッカー観戦の事例で言えば、「体調が悪いからといって、外出を諦めたら、チケット争奪戦に使った時間とチケット代金がムダになってしまう！」という感情が脳裏をよぎったとします。

しかし、それは「サンクコスト」！

観戦は家でもできるし、本格的に発熱した場合に奪われる何日間かの時間を、**健康に過ごすことができる**かもしれないのです。

こうした小さな成功体験をいくつか積めば、今度は「苦労して転職したばかりの会社」や「何年も付き合って結婚も考えたパートナー」などの強敵を相手にしても、サンクコストを横において、**ゼロベースでの決断**ができるようになることでしょう。

サンクコストは、引きずられた時間をムダにするだけではなく、将来のまだ見ぬチャンスからあなたを遠ざけてしまう、危険な時間泥棒です。

「あれ、そろそろやめようかな……」と思っていることがあったら、ぜひ「サンクコスト！」と頭の中でとなえてみてください。

第5章

STEP4 ACTION

[行動]

人を巻き込み
最短で結果を出す

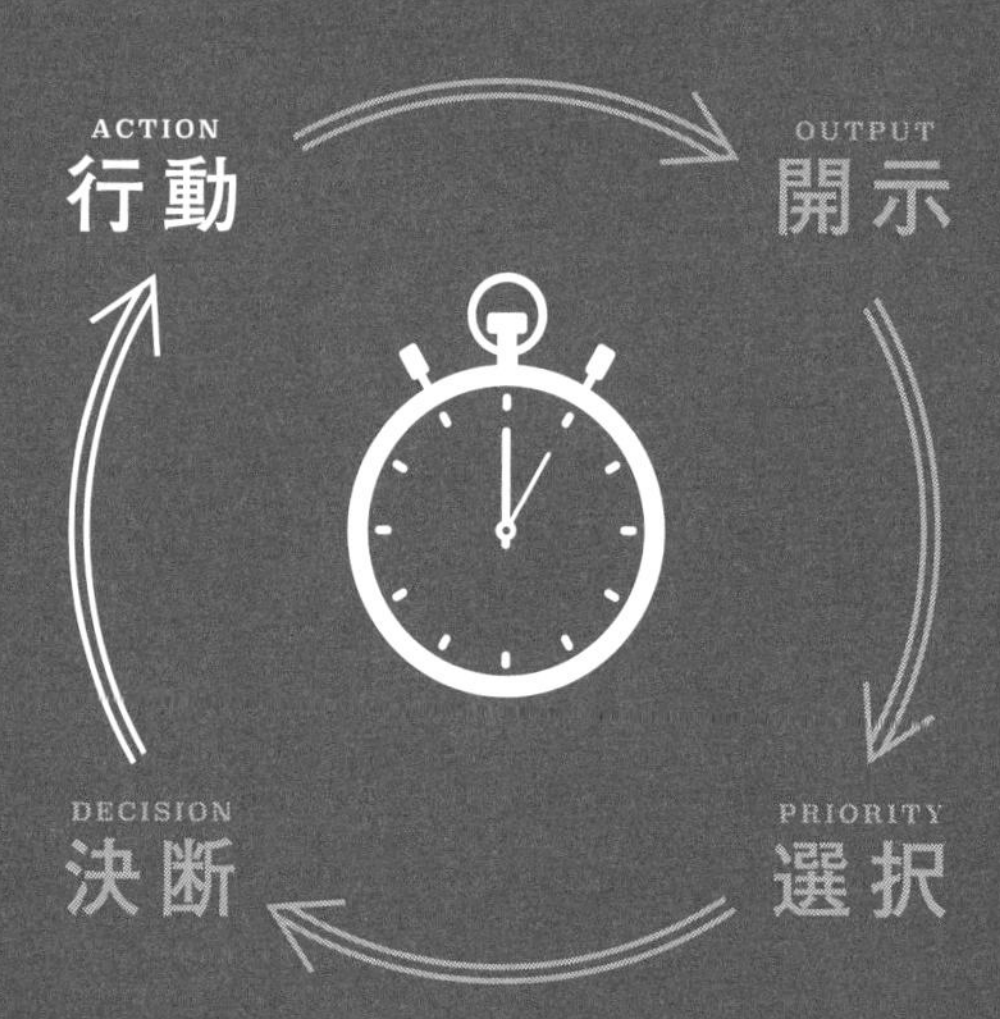

行動❶

前倒しデッドライン時短術

締め切りは自分自身で設定する

3ステップで勝負はついている

いよいよ「神速時短サイクル」最後のステップ「行動」の章です。

とはいえ、ここまで読み進めてくれた読者の方には、もうおわかりかもしれません。

「行動」は実際にタスクを実行する段階ではありますが、**それまでの3ステップでもうお膳立ては整っています**。「開示」で周りに課題をアウトプットし、「選択」で優先順位をつけ、周りを巻き込んだ「決断」も終わっているのです。

もちろん、タスクの遂行にはそれはそれでコツがあります。

最後に私が身につけてきた時短テクニックをお伝えするとしましょう。

ミニ・デッドラインにコミット

スピード感を求められる海外の企業で、行動に移すときに私が常に意識してきたのが、**「前倒しデッドライン時短術」**です。この時短術の核は、小さなデッドライン（締め切り）を誰かと決めて、それに責任を持って取り組むこと。

仕事でもプライベートでも、デッドラインはついて回りますが、ここでいうデッドラインは**「本当の期限」ではなく、自分が勝手に設定するもの**です。

「期日までに作業が終わらない」という悩みを抱えている人は多いことでしょうが、その大きな要因は、素直に期日に向かってスケジュールを組んでいるからです。

組んだ当初は、余裕のあるカレンダーを眺めて、「まだ◯日も残っているな」と安心して、ペースが乱れてきても「期日までに間に合えば大丈夫！」と自分を納得させる。

そしていよいよ時間がなくなってきた頃に、想定していなかった手戻りや突発案件が現れて、ギリギリのスケジュールがあえなく崩れる……。

「前倒しデッドライン時短術」は、これを防ぐためにあります。

本当のデッドラインに向かって作業をするのではなく、締め切りに向けて、小さなデッドラインを自分で作ることによって**「常に直近の目標に向かう自分」**となるのです。

ここまではよくある時短術なのですが、本書ではもうひとつ要素が加わります。

そうです。自分だけで取り組むのではなく、小さなデッドラインごとに、**誰かにアウトプットする予定**を入れるのです。

小さなデッドラインは、本来自分だけが知っている期日です。破っても何のペナルティもありません。そして私たちは自分との約束がいかに脆（もろ）いものか知っています。しかし、人の時間を割いてフィードバックをもらう予定を作れば、それは**相手との約束**に変わります。がぜんやる気が出てきませんか？　もちろん、アウトプットへのフィードバックで成果物の質自体が向上する効果も見込めて一石二鳥です。

ただ、難易度の高い前倒しデッドラインを設定して間に合わず、次々に人に迷惑をかけていては信頼を失ってしまいます。この時短術のコツは、ひとつひとつのデッドラインの項目をなるべく小さく、気軽なものにすることです。

前倒しデッドライン時短術実践編

それでは、実際の運用を私の経験をもとに解説します。とある企業の営業会議で、私が1カ月後にプレゼンをすることになりました。多くの経営陣にも見てもらう大切な場です。とはいえ通常業務もあり、準備する時間がどれだけあるか不安。そこで準備のために**「定期的に上司や同僚と打ち合わせをする」**というデッドラインを設けていくことにしました。

第1週目：上司・もしくは状況を理解している同僚と
アイデアを出すブレストの場。1on1やランチなどで「まだ内容が固まっていないのだけど、少し考えたことがあるから、ちょっと話を聞いてくれる?」とお願い。

第2週目：上司・もしくは状況を理解している同僚と
先週話したアイデアを、ブレストした相手に「○月□日までに資料にして送るから見てくれる?」とお願いし、期日までに仕上げ送信。

第3週目：ブレストに参加していない同僚と

プレゼンの練習に付き合ってもらう。この仲間はブレストに参加をしていないため中立的な立場でフィードバックをくれる。また、人前でのプレゼンを通して、内容だけでなく、スライドの順番や時間配分についてもチェックする。

営業会議の数日前：上司と

上司に最終チェックをお願いし、プレゼンに臨む。

数日前からは「うまくいく」状況のイメージトレーニングに集中する。

それぞれのミニ・デッドラインごとの作業量は大したことありませんし、高い完成度を求められないものばかりでしたが、ひとつずつクリアするごとに**本当のデッドラインへの準備**が積み上がっていっています。

また、プレゼンという仕事の性質も、この時短術と相性抜群でした。

前倒しデッドライン時短術

あらかじめデッドラインよりも「前倒し」で
個人的なミニ・デッドラインを作る

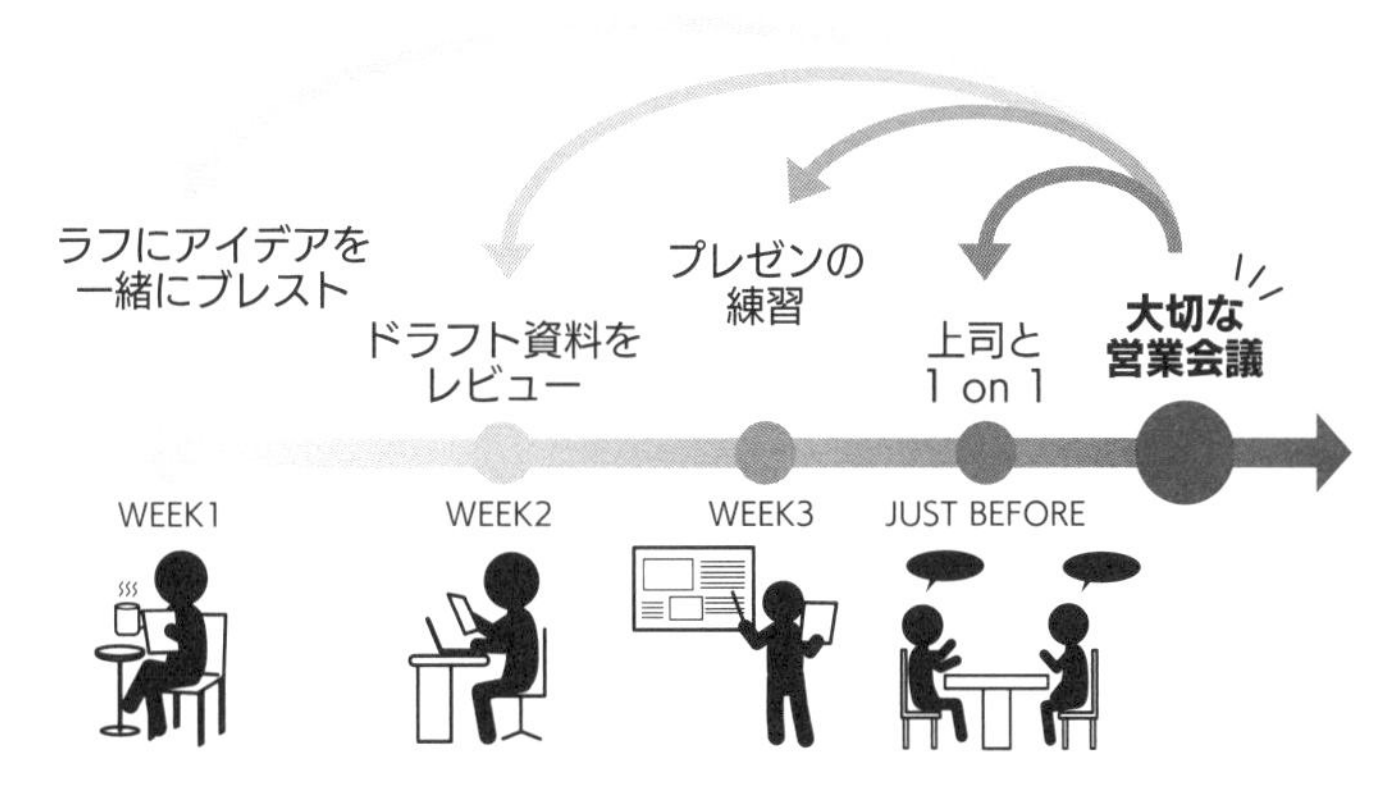

最終的には大勢の前で話すことになるので、その前に色々な人に伝える工程を踏むことで、より伝わりやすいものになっていきました。

また、ひとつミニ・デッドラインをクリアできなかったとしても、いくらでも挽回のチャンスはあります。

もしミニ・デッドラインを設定せず、本当のデッドラインしか見ていなかったら、どうなっていたでしょう。

ズボラな私なので、きっと、気づいたら営業会議の直前になり、週末に**焦って徹夜で資料を作成**、ろくに準備ができないまま臨み、経営陣を呆れさせていたかもしれません……。

誰とどのように設定するか

次に「前倒しデッドライン」の設定法をより詳しく解説します。

・誰と（WITH WHOM）

必然的に上司や部下、同僚と話すことが多くなるでしょうが、できればポジティブフィードバック（74ページ）をくれる人をおすすめします。プロジェクト前半のミニ・デッドラインに付き合ってもらう人からネガティブなフィードバックをもらうと、プロジェクトそのものに対するやる気が失せたり、その後の進みが悪くなるからです。

・何を（WHAT）

あなたの目指すゴール（発表の場であったり、新たな商品やサービスについての企画提案であったり）から逆算したマイルストーンを細切れにし、ひとつひとつをミニ・デッドラインとする。例えば、私がこうして執筆している本も、章ごとに編集者や出版コーチの方に内容を見てもらったり、コミュニティメンバーに内容をセミナーとしてシェアしてフィードバックをもらったりしながら、少しずつ進めています。

・どのように（HOW）

1on1のアポはもちろんのこと、他の部署からメンバーを募ってのワークショップ、セミナーなども効果的です。そもそもアイデアが足りない！という場合は、見識がありそうな人や、ターゲット顧客との「座談会」「ヒアリング会」も役立ちます。

・いつまでに（BY WHEN）

本当のデッドライン（さきほどの例なら来月の営業会議）に向けては、余裕があるくらいの日程でミニ・デッドラインを設定しましょう。ただ、それぞれのミニ・デッドラインについては「これ、できるかな？」くらいの負荷をかけるのが私の好みです。

この4つを意識して、ぜひやってみてください！

相手とデッドラインを決めるのも手

さて、本当のデッドラインでもないのに、自分からいくつもの締め切りを決めてスケジュールを縛ることに、抵抗感を覚える人もいるのではないでしょうか。

そういう人は、ミニ・デッドラインに付き合ってもらう相手と一緒に、期日を決めることをおすすめします。

というのも、日々コーチング業をしていて、クライアントにほぼ必ず問いかけるのが、「ネクストステップとして、いつまでにこれをやりますか？」という質問です。

相手と一緒にデッドラインを作ることで、責任感が醸成(じょうせい)されるのです。

私が仕えてきた上司にしても、１ｏｎ１のときなどに、何かを提案すると**「ノリコ、それは良いアイデアだね。その計画のドラフト、いつ見せてくれる？」**と、デッドラインを私から設定するための質問をしてくれたものです。

周りを巻き込み、自分を高め、デッドラインを楽々クリアするこの時短術、ぜひ活用してみてください。

行動❷

タスクみじん切り時短術

仕事は塊だから大きく見える

巨大なタスクも分ければ小さい

大きなタスクに立ち向かう時短術を、もうひとつ紹介しましょう。

「大事なプレゼンの資料を用意しなくてはいけないのですが、終わるかどうか心配で」

クライアントから、こんな質問を受けることがよくあります。

「まとめて考える時間がとれないからスタートできず、前回相談したときからまったく進んでいないのです」

この気持ち、よくわかります。

大事で大きなタスクは、精神的にも構えがち。なかなか手をつけないうちに、時間が経っ

タスクみじん切り時短術

大きなタスクも「小さく切って」スタート。
まとまった時間がとれなくても、少しずつ片付ける

大事なプレゼンテーション

こんな巨大なタスクをやる時間はない…

みじん切り

大事なプレゼンテーション

- プレゼン資料の流れを決める
- 流れについて社内から意見をもらう
- 資料に入れるデータや情報をまとめる
- 足りない情報は他の部署から手に入れる
- 本番前に第三者にチェックしてもらう

小さく切り分けたらスキマ時間にできた！

自分でできる事できない事がはっきりした！

てしまうことは、私もよくあります。

そんなときは**「タスクみじん切り時短術」**の出番です！

タスクのみじん切りとは、プロジェクトやプレゼンテーション資料の作成などの大きなタスクを、限りなく小さなステップに分割して、少ない時間でも着実に進めていく、ということです。

プロジェクトにしろ、企画書にしろ「なかなかスタートできない」ときには、そのタスクが、あなたの中で、必要以上に大きく見えたり、難しいものと感じたりしていることが多いのではないでしょうか。

そんな大きな塊も、「みじん切り」することで**ひとつひとつはそれほど恐ろしくないタスク**に分けられるはずです。

例えば、大切なプレゼンテーションの資料を作る、というタスクがあるとします。

「このプレゼンで失敗するわけにはいかない。でも情報をまとめたり、ロジカルに説明したりするのは苦手だから、うまくいかなかったらどうしよう……」

こんなことばかり考えていると、頭の上に大きな石が乗っているような気分になって、プレッシャーに押しつぶされてしまいます。

では、これをみじん切りに分割してみるとどうでしょうか？

- プレゼン資料の流れと、それぞれのセクションの内容を考える
- 右について同僚や上司から意見をもらう
- それぞれのセクションに入れるデータや情報をまとめる
- 自分で持っていない情報は、調べたり、他部署から手に入れる
- プレゼン前に同僚や上司などから第三者的な意見をもらう

どうでしょうか？

「やっぱりここは苦手」というタスクと、「これならできるかも」というタスクに分かれませんか？

分けるだけでこんなにラクになる

タスクの「みじん切り」をするメリットは、大きく分けて5つあります。

1 ハードルが下がって、スタートしやすくなる

大きなタスクを前にすると圧倒され、着手するのに抵抗があるもの。でもたくさんのタスクにみじん切りにすれば、**着手するハードルが下がって**次に進みやすくなります。

2 細切れの時間に少しずつ進めることができる

「今日は資料作りの1日にするぞ！」なんてことができないのが、現代の忙しいビジネスパーソン。でもみじん切りで細かいタスクに分割すれば、会議の合間、外回りの合間、退

社前の10分などの**スキマ時間**に一歩一歩進めることができます。

3 アイデアを「寝かせる」時間がとれる

デッドライン間際に1日かけてギリギリで作成した企画書と、みじん切りで少しずつ進めていった企画書、どちらのクオリティが高いと思われますか？

前者ではアイデアを**〝寝かせる〟**時間がなく、いわば生煮えの状態で提出しなければなりません。後者では必然的に何日もかけてアイデアを醸成する時間やひらめきが生まれる余地があるので、質が向上します。ちなみに、そのメカニズムは第6章で後述します。

4 みじん切りの切り口を他者と共有すればフィードバックがもらえる

せっかく提出できた成果物でも「上司のイメージと違った」「組織が目指していた方向性と違った」。こんな悲劇を避けるために、みじん切りの途中経過、いわば**「みじん切りの切り口」**は情報共有しましょう。

「大きなまとまり」だと、相手にとっても大きなタスクとなってしまい、フィードバックも難しいですが、みじん切りされた途中経過であれば、相手が細かにアドバイスを送ることができます。いわば先述した**「前倒しデッドライン時短術」との合わせ技**ですね。

5 人の力を借りるべき部分がはっきりする

「なんかこのタスク、自分ひとりじゃ手に余りそうだなあ」と手をこまねいている時間は、とてももったいない。「仕上げること」があなたの責任だとしても、その過程で人の力を借りてはいけないという決まりはありません。

みじん切りにすることで、「ここまでは自分ひとりでできる」「ここからは◯◯さんに聞いてみよう」という区分けができ、必要以上にひとりで抱え込まずに済みます。

最終手段！「みんなでみじん切り」

それでもタスクを分けるのが苦手だという人は、上司や同僚の力を借りて、タスクが発生した時点でみじん切りしてしまいましょう。

グローバル企業においては、大きなプロジェクトを扱うときは、必ずと言って良いほど

「キックオフミーティング」を開き、最初にこれを済ませてしまいます。限りなく細かくタスクを分割し、役割分担とタイムフレーム（達成までの期間）を決めてしまうのです。担当者が「叩き台」を作ってきて、それにフィードバックをし合うこともあれば、数人でゼロからブレスト方式で行うこともありました。

上司や同僚だって、ひとりで抱え込まれて後で尻拭いをする羽目になるより、最初に分割されたタスクを可視化して力を合わせた方が効率的だとわかれば必ずや協力してくれるでしょう。

このように、みじん切りで**「早めに」「少しずつ」**タスクを進め**「周りを巻き込む」**ことにより、ひとりですべてを抱え込んで一気に仕上げるよりも、トータルの時間は削減され、質の高い成果へとつながるでしょう。また巨大なタスクを前にした「不安やストレス」が減り、楽しく仕事を進めることができます。

行動❸

ながら行動時短術
スキマ時間の可能性は無限大

「ムダな時間」「単純作業」に学びを

「こんなことをしている時間があったら、もっとやりたいことがあったのに!」

そう思うときはありませんか?

- 病院の待合室や郵便局などでの順番待ち
- 数時間かけて電車に乗る用事
- 洗濯物をひたすらたたむ

こういったスキマ時間を有効活用するのが**「ながら行動時短術」**です。

海外企業に勤めていた頃、上司や同僚たちはこの時短術のまさにプロで、私も取り入れていました。

私がイタリアの会社に勤めていた頃。車での通勤時間を利用して、同じく運転中の同僚と電話をつないでの2週間に一度の1on1。勤務時間中ではなかなか話す機会がないので、定期的な情報交換を行い、部署間の連携をスムーズにしていました。

時差の都合で、早朝から世界を股にかけた電話会議に入っていた、とある企業のアメリカ人の会長。ジムでバイクを漕ぎながら電話会議をこなしていました。

マーケティングの講座に参加していたアメリカ人女性。これまたランニングマシンで歩きながら、携帯を使ってオンラインセミナーに参加していました。

単純作業と、その合間にできるタスクを同時処理する時短テクニックです。172ページの大きなタスクを**「みじん切り」した後の「小さなタスク」**で、ここに割り当てられるものがあれば、理想的です。

ただ、「ながら行動」時短術は、生産性を向上させる効果がある反面、タスクの組み合わせを間違えると注意力の散漫や仕事の質の低下を招くこともあるので、何でもかんでも同時並行すれば良いということではありません。

以下は、おすすめしない「ながら」のタスクの組み合わせと、考えられる弊害（へいがい）です。

意外に当てはまる人が多いのではないでしょうか。

- 運転中や、人混みを歩きながらスマートフォンを操作してのトラブル
- 重要な会議中に周囲の目を盗んで他のタスクを行い、ひんしゅくを買う
- 大切な人との会食中にメールのチェックなどをして相手の信頼を失う

「ぼーっと」する時間も大切

また、矛盾するようですが、「洗濯物をたたむ」「野菜を切る」「ただ歩く」などの、一見時間のムダと思える単純作業には**「脳を休める」**効果があることが、脳科学の分野では報告されています。

例えば私にとって料理は、脳の回転を「オフ」にして、音楽をかけながら没頭するもので、終えた後にはメディテーション効果を実感します。

後述しますが、「ぼーっと休む」ことによって脳を休めると、ひらめきが促されることもあります。だから、常に「ながら」でフル回転するのが良いこととは限りません。

一度「ながら」に慣れてしまうと、単純作業や「ぼーっと休む」時間がなくなってしまいがちなので、織り交ぜることを意識しましょう。

行動❹

ゴールデンタイム活用時短術

自分だけの無敵時間に作業する

一番頭が働きやすいのはいつ？

あなたが、一番集中できて、仕事がはかどる時間帯はいつですか？

私にとっては「早朝」で、本書も**8割以上は朝早く**に書かれています。

その理由としては、頭の働きが良いということもありますが、家族の活動時間との兼ね合いで、最も集中して自分時間が確保できるということが大きいです。

私は、この一番作業がはかどる時間帯を**「ゴールデンタイム」**と呼んでいます。

集中しなくてはならない仕事をゴールデンタイムに配置するか、他の時間に持っていくかで私の作業効率は何倍も違います。

「朝型」「夜型」とよく言われますが人によって頭の冴える時間帯はバラつきがあり、メラトニン分泌のタイミングや遺伝子など、様々な要因に左右されるようです。

私は「朝型」ですが、正確に言えば「寝起き」のタイミングが一番頭が働きます。お昼寝した後も、早朝と同じように色々とアイデアが降ってくるので、「朝型」というより「寝起き型」なのかもしれません。

大人になると昼寝をする機会は激減しますが、イタリア人と結婚した私は**「シエスタ（長いお昼休憩）」**の習慣がつき、寝起きの瞬間を毎日2度味わうことができています。

そんな私には「夜遅ければ遅いほど頭が冴える」という人の気持ちはわからないのですが、確かにコンサル会社などで人と密に連絡を取り合う仕事をしていると、そうした他人のパターンに気づくようになりました。また、自分の子どもにも夜型の子がおり、学校のレポートを好んで夜中に仕上げています。

コーチング業のクライアントの中にも、「朝は眠くなってしまって全然ダメなのです」という方もおり、ゴールデンタイムが千差万別であることを実感しました。

時短術、仕事術の本ではとかく「朝の時間を有効に」と書いてあることが多いですが、これればかりは人によるので、**無理に早起きをする必要はない**でしょう。

ライフスタイルと生活パターンの影響

早朝が「ゴールデンタイム」の私ですが、残念ながら7時には子どもを起こして朝の準備を始めさせなければならず、8時~9時からは8時間の時差がある日本のクライアントとのミーティングがスタートするので、なかなか本の執筆や思考する時間にすることはできません。

では「シエスタ」の起床後といきたいところですが、今度は子どもが帰ってきてしまい、国内の仕事相手との打ち合わせも多いことから、ここもゴールデンタイムにふさわしくありません。

これらの理由から、私にとっては**朝の5時30分~7時**をゴールデンタイムとせざるを得ません。週末には子どもたちの学校がないことから、起こす時間が7時から9時や10時になるために、ここも目が覚めれば執筆などにあてています。

とはいえ、私は「目覚ましをかけて、無理をしてでも毎日5時に起きる」ということはしません。**体が休息を求めているのに無理して起きても、高い効率にはつながりにくい**からです。早く起きたければ早く寝てしまい、目覚めに合わせて集中力を要するタスクを片付けています。

反対に、それほど頭を使わずにできる

・メールの返事
・打ち合わせの時間調整
・飛行機の予約

など、機械のように処理できることは、私の場合、集中力が落ちる夜遅くにあてています。

このように、あなたのゴールデンタイムとライフスタイル、ご家族の生活パターンを総合して、**あなたなりの集中時間**を確保しましょう。仕事場でも同じで、集中できる時間帯に他部署の人が相談にやってくるようであれば、その時間帯はあえてカフェにこもるなどの工夫をしてみましょう。

行動❺

とりあえずスタート時短術

最初は30点でもまず行動を起こす

「テキトー」ってそんなに悪いこと？

私は海外の企業で働き始めたとき、正直言って、

「外国の人って、日本人と違ってずいぶんテキトーだな」

と思いました。母国での経験と照らしても、待ち合わせの時間には来ないし、家にお客さんを呼んだのに何も準備されていないし、授業でも準備不足だったり話すことがまとまっていないのに発言したりするし……。

「きちんと・ちゃんとしている＝良いこと」

そんな価値観で生きてきた典型的な日本人だった私にとって、眉をひそめることばかりでした。でも、海外生活の方が長くなり、異国の地で働き、結婚し、子育てをするうちにだんだん違った視点でものを見ることができるようになりました。

まず、「テキトー？　それでもいいや」と思えていれば、「きちんとしないと」というプレッシャーからくるストレスがありません。

そして何より素晴らしいのは、「きちんとしていない」状態が許されるので、新たにやってみたいことができたときに、気軽に行動に移せることです。なぜなら、**何でも始めたては「きちんとしていない」ことが当たり前**だからです。

以前、インターネットラジオでとある起業家の方が、

「やりたいことがあれば、とりあえずスタートしてみれば良い。30点くらいでスタートするのがちょうど良いんだよ」

と語っていて膝を打ちました。始めから「きちんと」しようとすると、スタートまでの準備にとんでもなく時間がかかったり、そもそも始めて良いものか悩んだりして、結果的に時間のムダになることが多いのです。

30点でもスタートできる、テキトー思考。
案外悪くないと思いませんか?

スタートすれば、勝手に学ぶもの

「テキトー思考」をインストールすれば、「どうしようかな、始めようかな」の時間を、**「まだ30点ですが、とりあえず始めて、学んでいます」**の時間に変換でき、大きな時短につながります。

「とりあえずスタート」の大切さはイノベーションの分野でも実証されています。
当たり前の話ですが、考えているだけでスタートしないと、成功の確率はどんどん下がり、目標に一向に近づけないからです。

作家・講演家として活躍しているメディチグループのフランス・ヨハンソン氏によると、どんな分野でも成功している人はアイデアの数と、それを行動に移した数が多く、目標を達成できるひとつの指標となっているとのことです。

例えばパブロ・ピカソは多作で知られ、生涯で約1万3500点もの絵画作品、約10万点の版画作品をはじめ、計約14万7800点もの作品を作ったとされ、ギネス記録に登録されています。また「相対性理論」で有名なアルベルト・アインシュタインは300近い論文を書いたそうです。

これらの中には売れなかったり、**未完成だったりする作品、一度も引用されなかった論文**もあります。

彼らが「アイデアはあるけど、完成形が見えないからどうしようかな」とか「思いついたけど失敗するかもしれないし、自信がないな」などと言っていたらどうなっていたでしょうか。少なくともここまでの名声を博してはいなかったはずです。

私の「とりあえずスタート」

私ももともとは「きちんとした」性格でしたが、最近では「テキトー思考」が板についてきました。「とりあえずスタート時短術」で、まず始めてみるのです。

もちろんすべてが良い結果につながったわけではないのですが、「犬も歩けば棒に当たる」とはよく言ったもので、棒に当たる数も増えてきました。

起業前には、ノウハウもない状態で、面識のない憧れの人にとりあえず会いに行って話を聞かせてもらいました。目標だった本の執筆に関しても、こうして2冊目の本を書かせてもらっていますが、出版が決まる前はいくつもいくつも、それこそ30点の企画書を書き続けて今があります。

情報発信の分野でも、「とりあえず」でスタートしたものの継続できていないチャンネルもたくさんあります。ただ「やったからこそ」わかることはたくさんあり、失敗もムダになっていないと感じます。

このように世の中には**行動しないとわからないこと**がたくさんあります。

以前、「起業したいから会社を辞めようかな。そうしたら、将来どうなるのだろう」と、行動せずに頭の中をモヤモヤとさせて悩んでいたのは時間のムダだったと感じます。「完璧な計画」がなくても、「30点」でも、まず行動してみる。どんな結果であろうとも、次につながることがたくさんあるはずです。

30点スタートの後は「行き当たりばったり」でいい

「テキトー思考」のもと、30点でもスタートしてしまう外国の方々。準備不足ですから、当然うまくいかないこともあります。すると彼らはどうするか？　あっさり方向性を修正するのです。私は**「行き当たりばったり修正」**と呼んでいます（笑）。

うまくいかないと凹(へこ)んでしまうのが人間ですが、そこは「テキトー思考」。とりあえずスタートしてみたものがうまくいかないのは当たり前なので、失敗を失敗とは考えません。そこから調整すれば良いと考えるのです。

こうした考え方と私たち日本人の「きっちり準備して、あまり変更を良しとしない」傾向の違いは研究の対象になっています。

私の卒業したINSEAD教授のエリン・メイヤー氏著『異文化理解力――相手と自分の真意がわかる　ビジネスパーソン必須の教養』（英治出版）によると、仕事を進めていくとき、日本は世界的にみても**「直接的」**に時間を捉えており**「スケジュール通りに、ひとつの作**

国ごとの時間・作業進行の捉え方

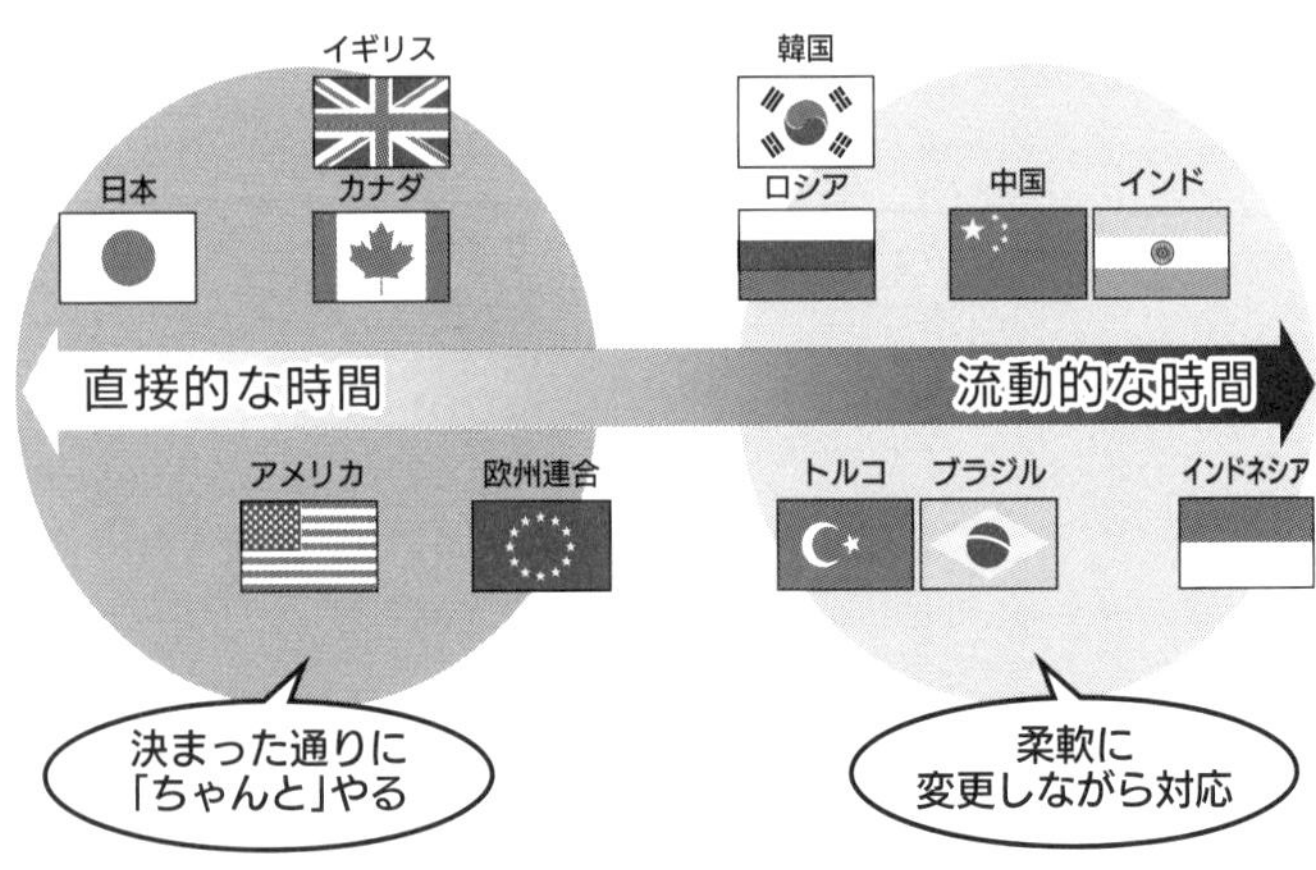

出典：「異文化理解能力――相手と自分の心理がわかる　ビジネスパーソン必須の教養」（英治出版）

業を終えてから次の作業に進む」傾向があるようです。

反面、フランス、イタリアなどのヨーロッパや中国、マレーシアなどのアジア各国は、「**流動的**」に時間を捉えており、プロジェクトも「**場当たり的に作業を進めていく**」傾向にあるそうです。

もちろん、それぞれに良さがあり、どちらが優れているという話ではありません。「30点スタート」のち「行き当たりばったり修正」というテキトー（良く言えば柔軟）なやり方でも成功している国がたくさんあることは知っておくべきでしょう。

- 「とりあえず」新しい習い事を始めてみる
- 「とりあえず」興味のあるオンラインサロンに入ってみる
- 「とりあえず」転職エージェントに登録してみる
- 「とりあえず」興味のある副業を無料で提供してみる

やりたいことがあったら、まずはリスクのない範囲で手を出してみる。
以前の私のように「どうしようかなあ」と悩んでいる時間が一番もったいないのです。

点検

サイクルを回し続けるために

組織をどこまで巻き込めているか？

ここまで「開示→選択→決断→行動」の流れをお伝えしてきました。

この後「行動」から「開示」に戻って**サイクルを完成させる**には何をしたらいいのでしょうか。その点について解説していきます。

5章まで読み進めて来られたあなたは、「神速時短サイクル」のカギは「巻き込み行動」だと理解されているでしょう。その**巻き込みが「行動」を通じてうまくいったかどうか**、自分としての評価を「開示（アウトプット）」してください。

その相手は上司でも同僚でも、自分でも構いません。そして、うまく組織を巻き込めていないようなら、それは「開示」が足りなかったか、伝え方に問題があったということになります。それを**次のサイクルを回すときの振り返り材料**としていけば、どんどん上達していくことでしょう。

最初は誰しもうまくいかないもの

「運は動より生ず」と言いますが、実際にサイクルを回してみて、初めてわかることがたくさんあったことと思います。

私はもともと「想定外のことが起きる」「計画通りに進まない」ことが嫌いなタイプでした。プランの段階で、過程で起こることはすべて織り込んで予想通りに物事を進めることが最善だと思っていました。

しかし、海外でキャリアを積み、グローバルリーダーたちの**「30点でいいから、とりあえずやってみて修正していこう！」のやり方に慣れると、うまくいかないことも楽しめる**

ようになっていきました。失敗から学ぶことで視野が広がり、視座が高まり、人間として成長している実感があったからです。

「神速時短サイクル」を回すからには、「みんなを巻き込んで、こんなことを目指していたけれど、うまくいきませんでした」、そんな想いも隠すのではなく次に向けて開示していきましょう。

ちなみに私は、そういった行為を「反省」ではなく**「振り返り」**と呼ぶことにしています。少しでも自分で「成功体験」と認識できるようにするためです。

繰り返すことによって、サイクルが大きくなる

「神速時短サイクル」は私が20年かけて会得(えとく)した時短術なので、最初から完璧にトレースできなくて当然です。

本書の内容に限らず、何かを身につけようと思ったら、まずは**小さくスタート**することです。

最初から大勢を相手に開示できなくても、「書くアウトプット」で内省し、自分の考えを

整理することはできるでしょう。

そんな「小さなアウトプット」の後に、「小さな選択」「小さな決断」「小さな行動」と続ければ良いのです。どんなに小さくても一周することで、達成感が得られ自信がつくはずです。

最初は、自分のための「書くアウトプット」だったけれど次には同僚に話してみよう、慣れてきたら今度は上司に１ｏｎ１をお願いしてみよう……と少しずつ大きくしていけば良いのです。

企業が新商品をローンチするときも、「全国展開の前にひとつの地域から」始めることがありますし、うまくいくかわからないキャンペーンも、「まずやってみて消費者の反応を見てから改善する」手法があります。

同じように、このサイクルもまずは小さく、身近なところから始めて２度目、３度目と**雪玉を転がす**ように、どんどん大きくしていきましょう！

第6章

PLUS 1 REST

[休息]

休むことが質を高める

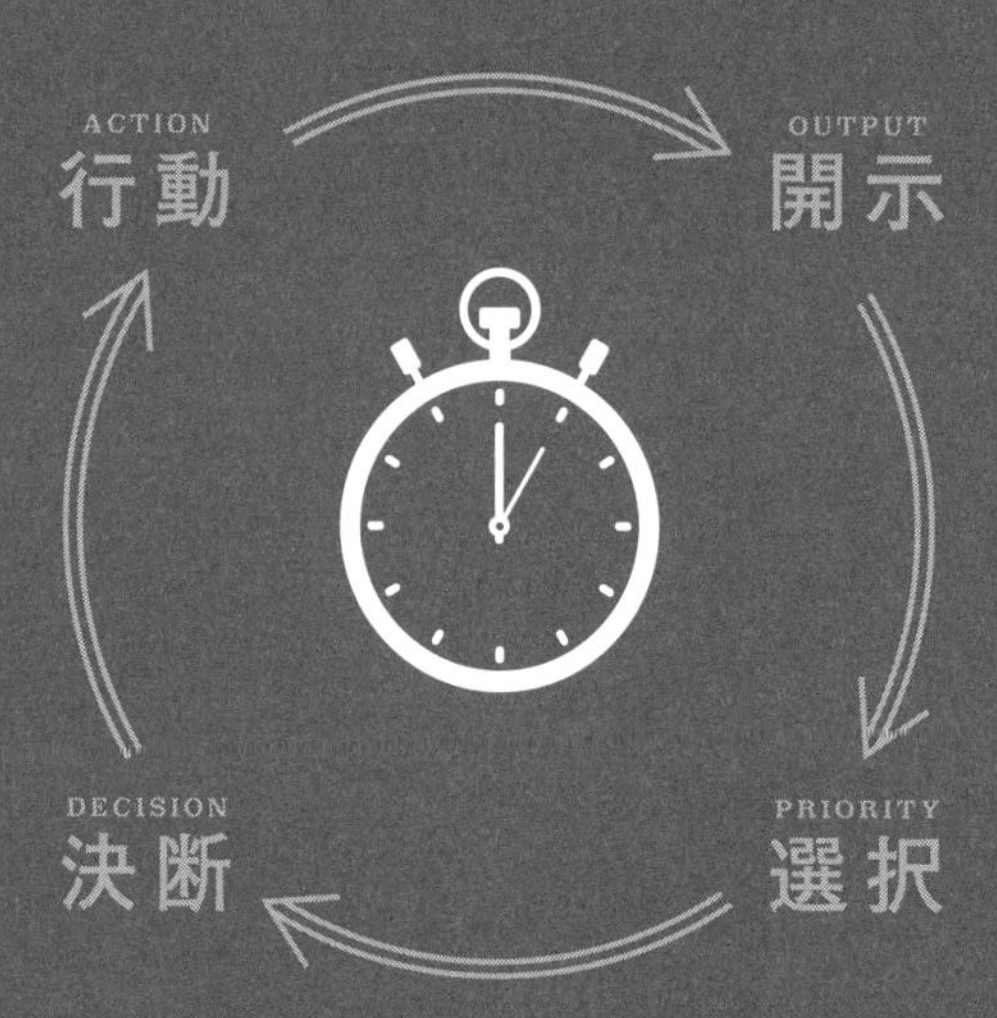

休息❶

休息が時短につながる不思議

休む人ほどデキる人

34ページでも述べましたが、「開示→選択→決断→行動」の「神速時短サイクル」には、**おまけ**があります。

それが本章のテーマ**「休息」**です。

大学を卒業して働き始めた頃、〃デキる〃リーダーというのは、「寝ても覚めても仕事のことばかり考えている」人だと思っていました。しかしそれから10カ国、文字通り世界中の企業のリーダーや経営者に仕えてきて、この考えが正しくないことがわかりました。

積極的に**「休んでいる」リーダーや経営者の方がさっさと時短で結果を出し、**キャリアアップをしたり、会社の業績を伸ばしたりしているのです。

これが私が「神速時短サイクル」に「休息」を加えた理由です。


なぜ休むことが結果を残すことにつながるのか？

まず簡単な理由として、**休暇をとることが心身のメンテナンスになり、パフォーマンスが向上**して結果的に「働き続けている人」より先を行くことになるということです。

厚生労働省の企業調査データでは、平成の時代から、休暇期間が長くなればなるほど「健康増進」「仕事の効率化」「家庭生活の充実」の効果があることが報告されています。

ロンドンのコンサルティング会社・ＥＹが従業員調査をしたところ、10時間有給消化が増えるにつれて、**パフォーマンスが８％あがった**そうですし、ポジティブ心理学で知られるアメリカの学者、ショーン・エイカー氏によると、有給をすべて消化した人は、有給を11日以上持ち越す人に比べ、**６・５％も昇進・昇給の確率が高くなっている**ということです。

また、日々のパフォーマンスもさることながら、うつ病などの精神疾患でのバーンアウト（燃え尽き）を防止することにもつながります。何十連勤もして猛烈に働き続けても、バーンアウトして年単位で療養することになったら元も子もありませんよね。

マサチューセッツ工科大学の元教授ダニエル・キムの2018年の報告によれば、45〜52歳の男女の代表的な労働者3380人を調べたところ、有給休暇が10日間追加されるごとに、特に女性の**うつ病になる確率が下がった**とのことです。

リーダーの不在がチームを強くする

休むことが結果につながる要因として、リーダーの場合、**率いるチームへの好影響**が挙げられます。リーダーが休暇を率先して取得するチームは、いきおいメンバーも休みやすくなるため幸福度が上がり、離職率は下がって団結力が生まれます。

さらに、周りの上司や同僚がしょっちゅう不在なので、**その仕事をカバーする経験**が多くなり、自然と幅広いスキルを習得するのでチーム全体が成長していくのです。

上海の企業で新規事業を立ち上げた頃のこと。毎日、猫の手も借りたいほど忙しいチームでしたが、外国人の同僚や上司は驚くほど休みをとっていました。

アメリカ人の社長は、

「2週間休む。そのうち、1週間は携帯にまったく触らないから、**何かあっても君たちで解決してくれ**。他の1週間は、毎日10分、時間を作るから、何かあったらそこで相談するように。メールは見ないから、緊急時は携帯にメッセージをくれ」

と言って旅行に出かけました。

限られた期間でしたが、普段は彼に相談していたことも自分で決断したり、同僚とアイデアを出し合い協力したりして、結果的に私たちがステップアップし、トップの不在を守ることで大きく成長する機会になりました。

厚生労働省の調査では、日本人の約7割は、有給休暇の取得にためらいを感じているようですが、悠々と長期休暇をとっている海外のビジネスパーソンが、日本人ほど忙しくないわけでは、まったくありません。彼らは、やることが山ほどあって時間もないけど、ここまで挙げたような効能を知っているから、**あえて休みをとることを選択しているのです**。

休息❷

ひらめきモーメント誘導時短術
休むことで点と点とがつながる

ひらめきを生む5つのステップ

積極的に休むことの効能は、心身の回復やチームの能力アップばかりではありません。良いアイデアを生む**「ひらめき」**も休息なくしては降りてこないのです。

企画職ならもちろん、どんな業種にも良いアイデアは必要です。新規顧客を開拓する方法、既存客の売上を伸ばす施策、非効率な業務の改善点……。

でも、机に向かってウンウン悩んでいる時間、実はムダかもしれません。もっと時短に、**アイデアを作る仕組み**があるとしたらどうでしょう？　それが休息と関係しているのですが、ただただ有給をとって家でゴロゴロしていれば良いわけではありません。

戦前の昔からクリエイティブ職の人々の〝バイブル〟として語り継がれている、一冊の本があります。

『アイデアのつくり方』（CCCメディアハウス）がそれで、アメリカの広告代理店・トムプソン社で大活躍したジェームス・ヤングが「アイデアの本質」について著したものです。

同氏は本の中で、どんな分野の仕事や研究であっても、アイデアは**「既存の要素の新しい組み合わせ」**であると述べています。

そして、そのアイデアの組み合わせが行われるためのプロセスには、5つのステップがあるそうです。

①情報収集
②情報の咀嚼（情報同士の組み合わせを探してみる）
③孵化（ふか）段階（いったん放棄する）
④〈ひらめき〉アイデアの誕生！
⑤他者と話し合い、アイデアを現実世界に適応させる

例えば「新しい提案資料を作る」という仕事でアイデアを求めていたら、まずテーマに基づいて**情報収集**をします（①）。参考書籍に動画、インターネットサイトや現場の様子など様々なデータを集めます。

次は、情報同士の**関連性を考え**、これまでになかった組み合わせはなかったか、手を加えていきます（②）。

そしていったん、考えるのをやめて、ぼーっとするなり映画を観るなり、仕事と関係のないことをして**アイデアの孵化**を待ちます（③）。

ふとした瞬間に**アイデアを思いついたら**、素早くメモし（④）、提案資料に落とし込んで、有用かどうか上司や同僚に評価を仰いだりして、**現実的なもの**としていきます（⑤）。

アイデアの孵化に休息は不可欠

このプロセスのどこに休息が必要なのか、もうおわかりですよね？　そう、③の**「孵化段階」**です。私の本書の執筆に関するアイデアのほとんども、机に向かっているときではなく、お風呂などリラックスできる環境で生まれました。

アイデアを思いつく④の瞬間を、私は**「ひらめきモーメント」**と呼んでいるのですが、これを呼び寄せるには、私におけるお風呂のような、リラックスできる③の環境が必要です。人によってリラックスできる環境は違うので、皆さんも自分だけの「ひらめきモーメント」をもたらす場所・時間を探してみてください。

思えば、私がいた海外企業でも、社員のストレスレベルが高くなっているときには、マッサージ用の椅子と、マッサージ師を配置したりと、休息できる環境を用意していました。

「仕事の効率が上がらない」「かけている時間の割には、成果に結びつかない」「良い提案書がなかなか書けない」とお悩みの人、特にクリエイティブが求められるような人は、**③・④を飛ばして⑤にたどりつこう**としていることが多いように思います。

「急がば回れ」とはよく言ったもので、仕事から離れる時間をあえてとることが、結果的に成果につながり時短となるわけです。

これからＡＩがどんどん発展していって簡単・単純なタスクは代替可能となっていったとしても、「点と点とをつなげる」創造的な仕事はしばらく残ることでしょう。

そのためには仕事以外の時間が重要だということ、覚えておきましょう。

休息❸

「キリギリス的人生」時間術
アリとして生きる人生は幸せか？

実はたくさんあった童話の解釈

最後に、「休息」にも関わる、時短を極めて得た時間をどのように使うか、という話をしたいと思います。

皆さんは、**「アリとキリギリス」**という童話を一度は読んだことがあると思います。色々なバージョンがあるのですが、あらすじはこんな感じです。

ある夏、草花がたくさん咲いているなか、キリギリスはずっと遊んで暮らしていました。キリギリスは、冬に備えてせっせと食べものを集めているアリのことを笑いました。しかし冬が来ると食べものはなくなり、キリギリスは空腹であたりをさまよいます。なんとかアリの家にたどりついたキリギリスは、笑ったことを詫び、食べものを分けてもらいましたとさ。

私はアメリカの大学で、経済とフランス文学を専攻したのですが、ある授業で教授が「イソップ童話はそもそも口伝だったために、**国によって解釈が異なり、教訓に違いがある**」と言っていて衝撃を受けました。

日本における解釈と教訓は言うまでもなく「キリギリスと違って、将来に向けて日々蓄えを作っていたアリは偉い。勤勉に仕事をするのが何よりも良いこと」でしょう。

人生を楽しんだキリギリスは勝ち組？

私も子ども心に「アリの時間の使い方こそ正解」と思っていましたが、世界中で仕事をしてきて、イタリアに腰を落ち着けて考えてみると、なるほど、別の解釈と教訓もあるだろうと納得できます。以下がその代表的なバージョンです。

〈異なる解釈1〉

結果としてアリは夏に休みをとれずに不幸だった。人生にはバランスが大切であり、アリも少しは休むべきだった。コツコツ準備をしたのは偉いが、休みはとらないといけない。

〈異なる展開・解釈2〉

冬になるとアリは家にキリギリスを招いて、「食べものはたくさんあるから、バイオリンを聞かせて！」。つまり人はそれぞれ得意・不得意があり、それぞれの強みに専念することで、その道で報われることだろう。

さらに異なるバージョンでは、キリギリスが冬に死んでしまうものも。そこでの教訓は**「人生は終わりがあるのだから、生きているときには思いっきり、楽しむことが大切」**。

いずれにせよ、キリギリスへのイメージは多少良くなったのではないでしょうか（笑）。

確かにアリは将来に備える堅実な生き方をしていますが、見方を変えれば**「幸せの先送り」**をしているとも考えられます。

夏の間にいくら食べものを貯めても、冬まで生きている保証はありません。であれば、キリギリスも、完全ななまけ者というより**「今の幸せ」**を追求する、もうひとつの生き方を示してくれているのかもしれません。

経済状況で他の先進各国に遅れをとり、お給料も高くないイタリアに住んでいると、なおさらそう思います。「休みばかりでいいけれど、経済力がない人も多いし、失業率も高い」という、いわばヨーロッパのキリギリスとなりつつあるイタリア人ですが、とても楽しそうに生きています。

アリとして生きるのも大切ですが、ときにはキリギリスのように「今の幸せ」を追求して休みたいときに休む。そのくらいのマインドセットで構えていれば、勤勉が美徳とされる日本にあっても、本章で強調した「休息」の恩恵を受けるのに後ろめたさがなくなるのではないでしょうか。

おわりに

「もし、好きなだけ時間があったら、何をしたい？」


最近、そんな質問を受けました。

あなただったら、どう答えますか？

以前の私だったら、

「南の島の素敵なリゾートでのんびりしたい」とか、

「休みをとってゴロゴロしたい」

「成長のために、勉強をしたい」

「まだ見ぬ街で、その街の空気に触れて、観光したり、美術館に行ったりしたい」

などと言ったかもしれません。

最近、この質問をされたときに、私はちょっと考えてから「今やっていることと、同じかな」と思いました。時間に制限がなくても、1日に、48時間あっても、おそらく私がやることは、今と変わらない気がしたからです。

大好きな仕事をさせていただき、毎日のように自分が成長していることを感じ、しょっちゅう行きたい街や国に行き、イタリアから子どもたちのいるイギリスを訪ね、大好きな東京に帰国する。

過去1年を振り返ってみたところ、月に1回以上はイタリア外に出張したりワーケーションか遊びに行っていました。

行った場所は、東京、大阪、福岡、名古屋、和歌山、島根、静岡、ロンドン、パリ、コペンハーゲン、ローマ、ベニス、コルティーナ、フィレンツェ、ポルト、などなど……。

旅行の大好きな私にとって、環境が変わることでの学びは元気の源です。

凄い贅沢(ぜいたく)をしているわけでも、びっくりするような結果を出しているわけでもありませんが、毎日大好きな家族やメンバー、友人と、様々な場所で、ともに時間を過ごすことができて、幸せを実感する日々を過ごしています。

このように思えているのは、私がようやく、時間を使う働き方ではなく、時間を生む働き方ができるようになったから。人の力を借り、自分も人に力を貸すことで、最短で結果に結びつく方法を身につけたからに他なりません。

本書では、その方法の核となる「開示」「選択」「決断」「行動」「休息」のサイクルを惜しみなくお伝えしました。

自分に合ったもの、やりやすいと思ったものからひとつずつでも試していただき、あなたの生活に心のゆとりがもたらされれば、嬉しい限りです。

12月18日　庚戌

〈著者略歴〉

ヴィランティ 牧野祝子（ヴィランティ・まきの・のりこ）

国際エグゼクティブコーチ / 企業研修講師

東京生まれ。米コロンビア大卒、仏 INSEAD ビジネススクール MBA 修了。イタリア・ミラノ在住。障がい児を含む3児の母。国内外10カ国で20年にわたり、出産・育児によるキャリア中断を挟みながら、Bain&Co、ロレアル、DIAGEO などの米系戦略コンサルファームや多国籍企業で、戦略構築から現場の実働まで国際的キャリアを積む。また、海外企業でも珍しい女性のシニアマネジメントのポジションや、後輩社員のメンターも多く務めた。その後、豊富なビジネスとメンターとしての経験・ノウハウを活かし、国際エグゼクティブコーチ / 企業研修講師として独立。

自身が若手社員で時間の使い方に悩んでいた頃に出会った、グローバル企業のリーダーたちの「世界標準の時間の使い方」にヒントを得て、受講生にも時短術を伝授している。受講生からは「悩む時間が減って、前に進めるようになった」「ひとりですべてを抱え込まず、周りの力を借りられるようになって生産性がアップし、楽しく仕事ができている」と好評を得ている。

2022年、初の著書『国際エグゼクティブコーチが教える 人、組織が劇的に変わる ポジティブフィードバック』（あさ出版）を発売。2023年には「The power of positive feedback（ポジティブフィードバックのパワー）」をテーマに TEDx への登壇が実現。

結果(けっか)を出(だ)してサクッと帰(かえ)る 神速時短(しんそくじたん)

2024年　3月19日　第1刷発行
2024年　3月31日　第2刷発行

著　者――ヴィランティ 牧野祝子
発行者――徳留 慶太郎
発行所――株式会社すばる舎

〒170-0013　東京都豊島区東池袋3-9-7 東池袋織本ビル
TEL　03-3981-8651（代表）　03-3981-0767（営業部）
FAX　03-3981-8638
URL　https://www.subarusya.jp/

装　丁――小口 翔平・後藤 司（tobufune）
本文デザイン―斎藤 充（クロロス）
図　版――米川 恵
印　刷――中央精版印刷株式会社

落丁・乱丁本はお取り替えいたします

ISBN 978-4-7991-1169-7

購入特典のご案内

あなたの強化ポイントを無料診断！

本は読むだけではなく、使うもの！あなたが実際に仕事で「結果を出して、サクッと帰る」を実践するために、神速時短サイクル「開示」「選択」「決断」「行動」「休息」のうちどのポイントを強化すべきか、質問に答えて探りましょう。診断後に、著者からアドバイス動画をプレゼント。

診断は以下の URL か QR コードをチェック
https://norikomakino.com/shinsoku

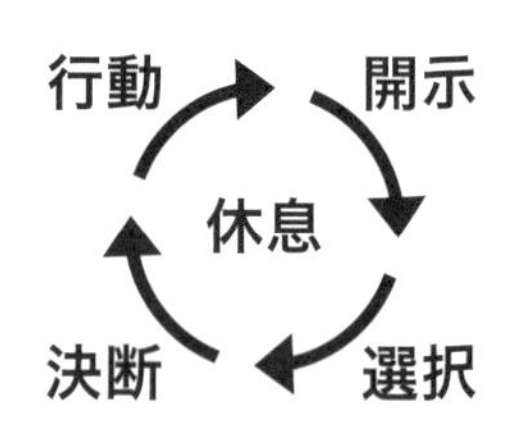

研修デモンストレーションを無料でご提供！

企業の皆様へ

残業ゼロで成果 10 倍！
“神速時短社員”を育成しませんか？

30 分研修デモンストレーションを
無料でご提供します。

下記 URL か QR コードよりお問合せください
https://norikomakino.com/contact

【ご注意】
・上記購入特典はインターネット接続環境のないお客様への提供は行っておりません。
・上記購入特典は、著者の牧野祝子先生が独自に提供するコンテンツです。
本書の出版元である株式会社すばる舎はその内容を関知しておりませんので、内容に関するお問い合わせ、サポート、保証等には対応できません。あらかじめご了承ください。
・上記購入特典に関するお問いわせ牧野先生のウェブサイト上にあるお問い合わせフォームからお願いいたします。
・上記購入特典は、事前の予告なく公開を終了する可能性があります。株式会社すばる舎は上記ウェブサイトのアドレス変更、公開中止等があっても、書籍の返品には応じられませんので、あらかじめご了承ください。